# LES PASSERELLES

## Théâtre

**Jean DURIER LEROUX**

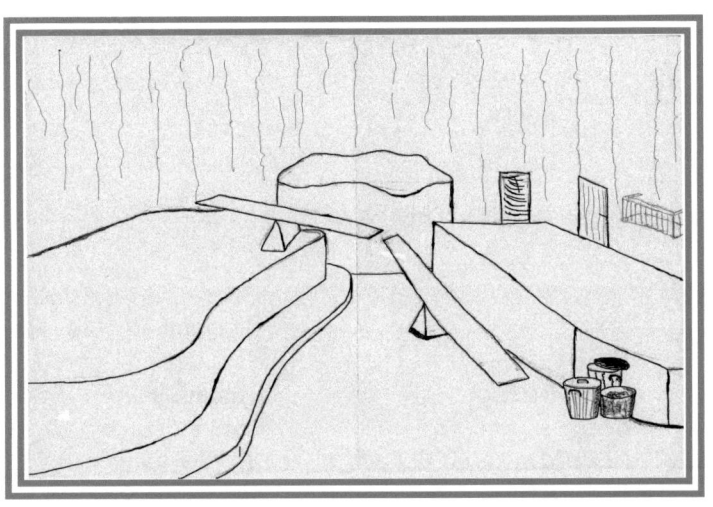

# LES PASSERELLES

## Les personnages

| | |
|---|---|
| **YVAN** | Clochard (genre chacal) |
| **BOBY** | Clochard (Genre ours) |
| **HOMBRE** | Homme jeune |
| **LUZ** | Femme jeune |
| **M & Mme DUPOT DE COLLE** | Parents de Luz |
| **ELVIRE** | La bonne |
| **VERBIA** | Chef de service |
| **HELICIA** | Chef de service |
| **COUCOU** | Professeur |
| **SCATO** | » |
| **CHINCHIN** | » |
| **MICRO** | » |
| **ONSEPA** | » |
| **POPU** | » |
| **LE BIGUE** | Ministre de la recommandation |
| **SECRETAIRE DU MINISTRE** | |

**JOURNALISTES, POLICIERS**

**LILI et ZEZETTE**  Deux poupées de chiffon Sœurs de Luz

# *Les Passerelles*

## ACTE I

### Scène 1:

**(Yvan, Boby)**

*Dans les poubelles. Lumière glauque ; bruit de chasse d'eau. Des immondices descendent un plan incliné et arrivent dans des poubelles.*

<u>YVAN :</u> *(Se levant de derrière un carton)*. Hé! Hé Boby, Il y a de l'arrivage. Tu ne viens pas voir ?

<u>BOBY :</u> *(Sous un tas de chiffons sales)*. Laisse-moi dormir.

<u>YVAN :</u> De la saleté propre! Des déchets encore en validité. Des ordures pas encore atteintes par la date de péremption ! Des immondices fraîches.

<u>BOBY :</u> Je n'ai pas faim j'ai sommeil : Tais-toi.

<u>YVAN :</u> Des nouveautés, de l'inattendu de la couleur, de la poésie !

<u>BOBY :</u> *(Se dressant à demi)*. Ecoute : Fais ce que tu veux. Crochète ce qui te plaît, mais fiche-moi la paix.

Tu vois, je suis calme, d'humeur paisible et je le dis en camarade: Si tu continues ton habituel charivari et tes commentaires intarissables, je vais me lever. Alors, gare à ta carcasse : elle sera frictionnée... *(Il se retourne pour dormir)*.

YVAN : Un papier cadeau. Voyons, voyons... J'aime les surprises... Non ! Pas celle-là... Tout bien considéré, je crois que je n'aime que les bonnes surprises et là... Revoyons la chose... Beuh ! On ne peut pas dire que ça grouille, mais ça pue *(il sent)* l'avarié... *(Il sent)* Ou plutôt... *(Il sent)* Si! C'est bien cela : L'avarié *(il sent)*. C'est intolérable *(il sent)*. Cela, vraiment je ne le supporte pas. Non! Je ne supporte pas. Je suis une nature fragile, moi! Aussi, pourquoi mettre de la pourriture dans un papier cadeau ? Ah! Il n'y a plus de conscience, de savoir-vivre, ni de bonnes manières ! *(Il rejette la chose)*.

BOBY : *(Sans se retourner)*. Tu vas la fermer ? Ou tu veux définitivement que je me fâche ? Tu devrais le savoir, pourtant, depuis le temps. Cela finit toujours pareil... A chaque fois, tu m'obliges à te battre. Et après, tu n'es pas content *(s'asseyant)*. Tu sais, ne vas pas croire que cela m'amuse de te corriger. Mais, réellement, la plupart du temps, tu ne me laisses pas le choix *(il se recouche)*.

YVAN : Tiens! Tiens! *(Provocateur, comme proposant un article)*. Et maintenant, Mesdames et Messieurs, l'utile, le nécessaire, que dis-je le nécessaire, l'indispensable, ce que tout individu, fier du respect et de la considération qu'il a pour lui-même, doit emporter en toutes circonstances... Le sèche-cheveux... Corps plastique moulé; coloris unique : orange, comme chacun peut voir. La distinction, le bon goût, qualité super poubelle

BOBY : Dernier avertissement...

YVAN : *(S'excusant)* La couleur, peut-être ?

BOBY : *(Se lève et va vers l'autre, nettement vindicatif).*

*YVAN :* *(Se protégeant, en tournant autour des poubelles)* Un peu voyante... Oui, bon, pas très délicate... Moi je la trouve plutôt «design».

BOBY : Attend que je t'attrape.

YVAN : Ne t'énerve pas ; c'était pour rire... Mais bien sûr que je vais te le donner. Et puis, tu sais bien que moi, je n'ai pas de cheveux.

BOBY : Mais il se fout de moi cet avorton. Qu'est-ce que tu veux que j'en fasse, hein, de cette saleté ? Et puis, triple buse, tu peux me dire sur quel courant je vais le brancher ?

YVAN : Le brancher ! Le brancher ! Pour quoi faire ? Tu ne crois tout de même pas que, s'il est là, c'est parce qu'il fonctionne encore ? Non! Je trouve simplement et en toute innocence, que cet attribut apporte à ton imposante personne, un je ne sais quoi de sérieux... Quoique... De touchant.

*BOBY :* *(Il l'attrape par le manteau)* Ah ! Je te tiens. Maintenant, tu vas me payer ça. *(Il le fait tomber derrière les poubelles et le bat). (Cri, divers)*

YVAN: Ouille, ouille, arrête... tu me fais mal.

BOBY : Te tairas-tu à la fin ... ou il faut que je t'assomme?

YVAN : Mais, tu veux toujours que je te montre ce que j'ai d'intéressant... Alors, moi, je me disais... Tous les goûts sont dans la nature... Ouille ! Ouille !

Aie! Aie! Non arrête ! Pas de coups de pieds ; ça fait trop mal *(Il s'échappe et saute sur un praticable).* J'en ai assez, à la fin le crois que je vais dénoncer notre association. Tu manques de la reconnaissance la plus élémentaire. Tu chercheras ta nourriture et tes hardes, tout seul. *(Se redressant plus haut)* Adieu agapes et fastes luxuriantes, adieu...

<u>BOBY</u> : Allons, fouine pernicieuse, ne recommence pas. Ou je te... C'est pourtant simple, dès que les poubelles se remplissent, tu fouilles. Si quelque chose de satisfaisant se présente, tu me l'apportes. C'est tout. Et moi, pendant que tu cherches, il faut que je me repose. Il faut que je garde mes forces. Et c'est seulement ainsi que, nourri et dispos, je peux te protéger des malfaisants.

<u>YVAN</u> : *(A part)* Malfaisant, malfaisant, il me semble bien que le plus grand... Enfin, il me sert quelquefois... Boby, faisons la paix et, si tu le veux, pour sceller une nouvelle fois le pacte, retournons à notre couche crasseuse, pucière, nauséabonde et charognarde. Et moi, Yvan le Chacal, je jure la plus obséquieuse, la plus veule et la plus flagorneuse soumission.

## Noir

# Scène 2

## (Monsieur, Madame, Elvire, Lili, Zézette)

*Chez les Dupot-de-Colle, sur le praticable jardin.*
*Dans la salle à manger, à table.*
*Eclairage cru avec des ombres brutales (Lili et Zézette sont, en fait, des marionnettes d'environ 1 m à 1,20m de haut et sont assises à table, sur des chaises, dos au public).*

MONSIEUR: Mademoiselle Lili, ne mettez pas vos doigts dans votre soupe... Mademoiselle Lili, ne mettez pas vos doigts dans votre nez.
MADAME : Surtout après les avoir mis dans la soupe...
ELVIRE: Ni dans l'autre sens d'ailleurs...
MONSIEUR : Elvire, on ne vous demande rien.
MADAME : Et on vous a déjà dit de ne pas vous mêler aux conversations.
ELVIRE: Oui, mais Madame avait stipulé : « Quand il y a du joli monde».

MONSIEUR : Ne répliquez pas.

ELVIRE: Donc, quand il n'y a pas de joli monde…

MADAME : L'insolente ! Tenez-vous à votre place ?

ELVIRE : Mais, Madame, mais Madame ...

MADAME: Vous savez que nous ne vous gardons ici que par une bonté toute particulière.

ELVIRE: Oui Madame... *(Elle pleure bruyamment)*.

MONSIEUR : Mlle Zézette, tenez-vous droite.

ELVIRE : *(Redresse Zézette en hoquetant et en reniflant)*.

MADAME : Elvire, allez à l'office, passez-vous de l'eau froide sur le visage et reprenez votre service. Et puis, à l'avenir, abstenez-vous de ces étalages de sentiments dans le travail.

ELVIRE : *(Sort en sanglotant)*.

MONSIEUR: Chère amie, vous devriez donner son congé â cette personne. Elle est malapprise et ne sait pas rester à sa place.

MADAME : Comment trouver des gens ? Quelle, époque ! Quelle époque ! Mlle Lili, ne profitez pas de nos préoccupations à sauvegarder votre bonne éducation pour toucher votre nez.

MONSIEUR : C'est indécent.

MADAME : C'est vulgaire.

MONSIEUR: Vous devriez prendre exemple sur votre aînée, Mlle Luz. Elle, au moins, depuis qu'elle est à l'institution, elle apprend les bonnes manières.

MADAME: Elle ne met plus ses doigts dans son nez.

MONSIEUR: Elle baisse les yeux quand on l'admoneste.

MADAME : Elle est respectueuse envers les gens. Mlle Zézette redressez-vous ! *(Elle redresse Zézette)*.

MONSIEUR : Ainsi, nous lui trouverons, certainement,

un bon parti et nous serons fiers d'elle.

ELVIRE : *(Revenant et s'exclamant très fort)*. Madame, la cuisinière dit que si vous ne prenez pas les haricots tout de suite, ils seront soit froids, soit brûlés, qu'elle n'y sera pour rien et qu'elle attend votre préférence.

MADAME : Ma fille ! Ma fille ! Combien de fois faudra-t-il vous rappeler que, dans ce cas, vous devez entrer sans vous faire remarquer, attendre que je ne sois plus mêlée à la conversation, prendre un air interrogatif puis, sur un signe de moi, venir me parler à l'oreille, discrètement.

ELVIRE : Oui Madame, mais les haricots...

MADAME : Assez d'outrecuidance! Obéissez.

ELVIRE : Mais Madame, la cuisinière...

MADAME: Sortez vous dis-je et dites à cette personne, qui ne vaut pas mieux que vous, de se présenter ici.

MONSIEUR : Mlle Lili, laissez votre nez.

ELVIRE: Oui Madame, mais elle dit que les haricots...

MONSIEUR. : Faites donc ce qu'on vous dit, sans discuter... *(Elvire sort)*.

MONSIEUR: Ma pauvre amie, je me demande comment vous, si fine, si délicate et de si bonne famille, vous pouvez supporter toute la journée une telle promiscuité.

MADAME: Mlle Zézette, redressez-vous. Que voulez-vous, mon cher, le service n'est plus ce qu'il était. Du temps de ma grand-mère, on aurait souffleté l'impertinente, mais maintenant, les domestiques vont à l'école.

MONSIEUR : Mlle Lili, vos doigts.

MADAME : Ils rêvent de je ne sais quoi.

ELVIRE: *(revenant. Elle exécute tout le manège précédemment enseigné, puis tout haut)*. La cuisinière dit qu'elle ne veut pas venir; que si vous voulez la voir, vous n'avez qu'à aller jusqu'à la cuisine parce que les haricots sont de plus en plus...

MONSIEUR: La cuisinière ne veut pas venir ! La cuisinière ne veut pas! Elle... Elle a des volontés! Mais qui est-ce qui commande ici ! La cuisinière ne veut pas. Il faut aller! Mais, mais, je vais lui en! Fichtre Jus de grenouille! Groseille écrasée! Mlle Lili, laissez votre nez! Jus de grenouille, Jus de grenouille !

MADAME : Victor, ne vous emportez pas, vous allez devenir grossier devant ces demoiselles et puis, vos globules vont encore rougir.

MONSIEUR: Vous avez raison Mamie. Mais avouez que... Elle ne veut pas. Ah! Jus de grenouille! Jus de grenouille, Mlle Zézette! Redressez-vous, ah! Jus de grenouille.

MADAME: Allons, allons.

MONSIEUR: C'est bien, je me rassérène. Et puis, il vaut mieux qu'elle ne vienne pas, cette poissarde. Je ne souhaite pas voir débarquer ici de grosses mains velues, luisantes de sauce, des joues dégoulinantes de vapeur de marmites et une odeur de transpiration rance. Mlle Zézette ? Tenez-vous droite ?

ELVIRE: Non mais Qu'est-ce qu'il dit celui-là ? La cuisinière, elle a été élue Miss "Lot et Garonne" et elle a un permis de troisième palier supérieur de science inorganique.

MADAME: Oh! On vous demande quelque chose à vous... Mlle Lili, votre nez!

MONSIEUR : Je vais éclater... Mes globules, mes globules ! Mlle Lili, vos mains sur la table

MADAME : Et essuyez votre nez!

MONSIEUR : Mlle Zézette! Redressez-vous. On dirait une poupée de chiffon
ELVIRE: Et pour les, haricots ?
MADAME: Encore ? Mlle Lili, Ne vous essuyez pas sur la nappe.
MONSIEUR : Mlle Zézette, ne riez pas bêtement et redressez-vous.
MADAME: Victor, vos globules.
MONSIEUR: Mlle Lili, mouchez votre nez.
MADAME : Mlle Zézette, redressez-vous.
ELVIRE : Et pour la cuisinière ?
MADAME : Mlle Zézette ? Cessez de vous trémousser.
ELVIRE: Alors! Qu'est-ce qu'on fait ?
MADAME: Elvire, sortez ? Non, restez. Et puis, si, sortez. Lili ! Vos doigts ! Zézette votre dos. Victor, vos globules!

## Noir

## Scène 3

## (Yvan - Boby)

Dans les poubelles Bruit de chasse d'eau ...

BOBY : Yvan ...
YVAN : Oui.
BOBY : Tu as entendu ?
YVAN : Oui.
BOBY : Tu devrais aller voir.
YVAN: Mais non. Tais-toi et dors.
BOBY : Si tu ne vas pas voir, tu ne sauras pas.
YVAN: Fais-moi confiance, ce bruit là n'est pas intéressant.
BOBY : Comment le sais-tu ?
YVAN: A l'oreille.
BOBY : A l'oreille ?
YVAN: Bien sûr... A l'oreille.
BOBY : Là, tu te moques de moi ... hein ? Dis ... Tu te moques de moi ? Dans quelle méchante affaire veux-tu encore me faire tomber ?
YVAN: C'est pourtant simple ... Toi, tu as la force. Tu vois tout de suite qui tu peux battre. Bon, je ne discute

pas. Moi, j'ai l'oreille. Au bruit de leur chute, je reconnais la nature des choses. Alors, je me lève, ou bien, je ne me lève pas. Et là, je ne me lève pas. Si tu n'es pas convaincu, va voir toi-même.

BOBY : Et s'il y avait quelque chose que tu ne connaissais pas ou que tu n'aies pas reconnu, hein? Ce serait dommage.

YVAN: Moi je n'ai besoin de rien. Tel que tu me vois, je nage dans l'opulence et la félicité.

BOBY : Ouais, mais moi, je ne sais pas nager. Alors, tu vas aller voir.

YVAN : Non!

BOBY : Pourquoi?

YVAN : Ce matin, je me suis levé et je t'ai informé.

BOBY : Oui, et alors ?

YVAN : Et alors, et alors, tu m'as battu.

BOBY : C'était pour rire.

YVAN : Je n'ai pas trouvé cela drôle.

BOBY: C'est de ta faute aussi, tu m'empêchais de dormir pour des babioles sans intérêt.

YVAN : Voudrais-tu dire qu'il ne fallait pas que je t'exaspérasse?

BOBY : Qu'est-ce que ça veut dire "exasparasser" ?

YVAN : Cela veut dire que je ne me lèverai pas maintenant.

BOBY : Mais si ! Tu vas te lever. Tu le sais bien que tu vas te lever ; sinon, je vais encore être obligé de cogner et après, tu ne seras pas content. *(Il l'empoigne, le découvre et le pousse).* Vas-y, je te dis.

YVAN: Bon! Si tu y mets tant de persuasion... *(Il se lève, s'étire, va et vient fouille dans ses poches puis dans son nez, etc. Enfin, il s'assied).* Et pourquoi est-ce que tu ne peux pas fouiller tout seul ? Tu es grand, tu es fort, tu es... capable d'assumer tes besoins. Et puis, qu'est-ce que tu veux moi, j'ai toujours des hésitations quant à tes goûts. Cela provoque des quiproquos qui, tout en ne m'étant pas imputables, tournent toujours à mon désavantage.

BOBY : Je ne sais pas comment dire cela, mais je sens que tu veux encore m'entortiller avec des mots.

YVAN : Peut-on savoir pourquoi tu ne subviens pas par toi-même à ton entretien ?

BOBY : Le contrat

YVAN : Ah oui ! Le contrat.

BOBY : Tu me nourris, je te protège ; je te protège, tu me nourris.

YVAN : Oui, oui, ça va, je sais, c'est moi qui l'ai dit un jour où Dame Fortune m'avait prêté des chaussures à bascules et faisait donner de la houle au macadam des bas fonds. Bon, je l'ai dit... Je l'ai dit. N'y revenons plus.

BOBY: Tu as même ajouté : "La défense au service de l'industrie".

YVAN: As-tu remarqué que je te nourris plus souvent que tu ne me protèges.

BOBY : Ça c'est le hasard.

YVAN : Oh ! Que j'aimerais être agressé trois ou quatre fois par jour.

BOBY: N'exagérons rien.

YVAN : Tu sais, je me demande pourquoi je reste avec toi.

BOBY : La malveillance est grande.

YVAN : Siffle beau merle... Non, je crois que je continue notre association, surtout parce que tu m'amuses. Je parle, tu réponds. Parfois, tu comprends quand ce n'est pas trop compliqué. Souvent, tu ne comprends pas, parce que ça me fait plaisir. Bien sûr, il faut garder l'oeil attentif et la réaction agile. Vigilance ! Vigilance ! Dans le fond, je croîs que tu m'occupes.

# Scène 4

(Les mêmes plus Hombre)

YVAN : Eh! Boby, Boby ! Viens voir, vite, il y a quelque un couché par terre, ici, derrière la poubelle.
BOBY: Allons bon ! Ne recommence pas avec tes gamineries. Tu sais bien que cela me fâche.
YVAN : Non ! Je ne plaisante pas. Attends. Est-il vivant ? L'a-t-on jeté avec le reste ? Ou bien, est-il venu volontairement ? II est chaud, il respire; il bouge.
BOBY : *(Qui s'est approché et a écarté les poubelles)* Veux-tu que je lui fracasse la tête avec une grosse pierre?
YVAN: Non, attends, on va peut-être en tirer quelque chose. II sera toujours temps de le déconfire plus tard s'il nous ennuie. Eh! L'ami ! Réveille-toi !
BOBY: Laisse-moi lui donner quelques coups de pieds dans les côtes. On ne sait jamais, il faut être prudent.
YVAN: Tu ne peux pas lui laisser ouvrir les yeux... Pourtant je devine déjà en lui un adjoint zélé de mes

obligations. Je sens comme il va me servir avec désintéressement. Ô Yvan, gardé d'un côté, soigné de l'autre, tu vas être un "coq en pâte". Eh ! L'ami ! Qui es-tu ?
BOBY : Oui, Qui es-tu ?
HOMBRE : Qui je suis ? Je n'en sais rien. Je suis celui qui dormait là et qu'on a réveillé. Je suis celui qui était couché au sol et maintenant est assis. Je suis celui qui regarde, avec ses yeux, les lieux qui l'entourent, qui les reconnaît et qui pourtant ne comprends pas. Je me lève et j'inspecte cet endroit. J'ai l'impression de m'en souvenir comme si j'y avais déjà vécu, il y a longtemps, dans une vie qui n'était pas à moi.
BOBY : Qu'est-ce qu'il dit ?
YVAN : Tais toi, il délire.
BOBY : Tu vois, j'aurais du l'assommer, l'écraser, le détruire. Moi, il m'inquiète ce gaillard-là.
YYAN : Au contraire, c'est un fou, il va nous amuser.
BQBY : Tuons-le. Il va manger nos réserves. Si nous ne le faisons pas, c'est lui qui nous fera mourir de faim.
YVAN: Tais toi donc, imbécile. Je vais être entre une bête et un fou. Ô destinée, tu me combles plus que je ne le mérite. Mais aussi, tu m'inquiètes car, après une telle bonté, qu'aurais-je à redouter en revers de fortune ?
HOMBRE : Il me semble que des souvenirs s'agitent en moi. Des souvenirs d'ici et puis, des souvenirs d'ailleurs. Des souvenirs lointains et présents à la fois. Des souvenirs dont je ne me souviens pas. Ici,

une lumière devrait m'éclairer. Je crois entendre une voix qui me parle tout bas, ou plutôt très fort, mais très loin, à travers des siècles ou des univers. Tout s'évapore entre cette lumière, cette voix et moi.

YVAN : Eh ! L'homme qui sort de l'ombre : comment t'appelles-tu ?

HOMBRE : Je ne sais pas. Tu dis que je sors de l'ombre mais moi, je pense que j'y suis entré. J'en suis constitué. Toute lumière tombe et disparaît en moi. Je l'absorbe et je n'en profite pas.

BOBY : Allons, dis-nous ton nom.

HOMBRE : Avoir un nom, c'est être quelque chose. Ce que l'on nomme, ce que l'on désigne, est considéré comme existant. Moi, je n'ai pas de nom et je n'existe pas.

BOBY : Mais, si je te donne un coup de poing, là, au creux de l'estomac, tu vas avoir mal.

HOMBRE : Peut-être.

BOBY : Comment., peut-être?

HOMBRE : Sûrement.

BOBY : Donc, tu existes.

HOMBRE : Sans doute, j'existe seulement dans la souffrance et je n'ai pas de nom.

YVAN : Tu es l'homme de l'ombre alors, appelle-toi Hombre et n'en parlons plus.

HOMBRE : Pourquoi ne plus parler ? Tout ici m'est familier et même vos personnes que je crois reconnaître. Ces lieux sordides et froids, écoeurants, je ne les ai jamais quittés. Pourtant, je suis sûr qu'il existe des ailleurs, des ailleurs où je dois être aussi, des ailleurs lumineux, et d'autres ailleurs encore ou des êtres s'affrontent sans fin pour des passions futiles qui les dévorent et qui n'ont pas le souci de manger.

YVAN : A propos de manger, viens avec moi. Je vais t'apprendre ton travail.

HOMBRE : Travailler, travailler, je ne suis pas venu ici pour travailler. J'ai connu des soleils rutilants qui inondaient la mer de feux languissants. J'ai connu des glaciers dont l'éclat d'émeraude diffusait la quiétude jusqu'à l'air gelé des étoiles. J'ai connu des combats où des hydres gluantes empuantissaient l'air de leur haleine fétide. Et tu voudrais me faire travailler? Quel nabot besogneux veux-tu donc t'approprier ? Tu te trompes. Je suis venu pour dire ce qui peut exister, pour raconter ce qu'on peut raconter. Je suis venu pour vous forcer à venir jusqu'où je suis arrivé. Je ne sais pas pourquoi, mais je suis sûr qu'il existe autre chose. Je suis venu ici pour y partir, pour y monter, pour y parvenir et, si je devais rester ici, ce serait pour y mourir. *(Il s'assied à terre).*

YVAN : Tais-toi, tu me fais peur.

BOBY : A moi aussi. Il faudrait le corriger un peu.

*<u>YVAN :</u> (Qui prend la tête d'Hombre dans ses bras).* Ce n'est plus la peine ; je crois que le mal est déjà fait.


# Noir

# Scène 5

## (Verbia, Coucou, Scato, Chinchin, Onsépa, Popu, Micro)

*Praticable de droite Une salle de réunion Lumière orangée.*

<u>VERBIA</u> : Je suis débordée... Demain, je dois recevoir les Neustriens... Le restaurant n`est pas prévenu et je ne sais pas ce que je vais leur dire.
<u>ONSEPA</u> : Je croyais qu'on allait mettre en place l'organisation des examens... La semaine prochaine c'est le deuxième degré moyen et il faudrait penser aux...
<u>COUCOU:</u> Aux moyens hum! Hum! Cher collègue, aux moyens hum ! Les moyens pour le second degré moyen, hum, le degré moyen ... les moyens. Vous ne comprenez pas, hum, hum. Cela ne fait rien. Hum. C'est du supérieur, hum. Je le réserve aux amis, hum. Ça ne fait rien.
<u>SCATO</u> : Quand est-ce qu'on s'en va ?
<u>ONSEPA</u> : Il faudra plusieurs salles avec des surveillants.
<u>VERBIA</u> : Pour cela, vous verrez avec mon adjoint. Je ne m'en suis pas occupée. D`ailleurs, il faut que je prenne contact avec la chambre bi régionale pour débloquer un financement pour le projet GRATO... Nous allons nous contenter d'évoquer les candidats

cas par cas, pour gagner du temps.

SCATO : Quelle heure est-il ?

VERBIA : Par qui voulez-vous que l'on commence ? Est-ce qu'on balaye le tout par ordre alphabétique, ou si l'on voit classe par classe. A moins de prendre les dossiers dans l'ordre où ils sont.

CHINCHIN : Les garchons chont des gentils garchons. Enfin, pas touch parche qu'il y en a qui ne chont pas gentils. Mais il y en a qui chont gentils. Alors, cheux qui chont gentils, il faut le dire qu'ils chont gentils. Bon, cheux qui ne chont pas gentils, il ne faut pas dire qu'ils chont méchants, non, mais cheux qui chont gentils, il faut dire qu'ils chont gentils.

VERBIA : Bon, alors, on commence ?

SCATO : On a bientôt fini ?

ONSEPA : Oui, mais l'ordre de passage a de l'importance. Si on commence par certains, les suivants risquent de pâtir abusivement de la comparaison. Tandis que si on commence par d'autres, on peut avoir une mansuétude exagérée pour la suite. De toutes façons, on ne peut pas juger des capacités sur les résultats... Euh... ni des résultats sur les capacités. Un bon résultat n'implique pas forcément que la personne comprenne le résultat et un mauvais résultat... *(Le téléphone sonne)*

COUCOU: *(Au téléphone).* Oui, hum, ici la salle 32696, oui, hum ... hum, oui ... Mme Verbia, hum ... elle est ici, hum, ne quittez pas. Mme la coordonneuse hum, c'est pour vous, hum.

VERBIA : Ah... Ah, oui... Mais bien sûr... Mais naturellement... C'est entendu *(elle raccroche).*

Vraiment, je suis débordée. C'était Gaston René.

CHINCHIN : *(à Scato)* Qui ch'est Gachton René ?

SCATO : C'est ce grand abruti de Parafeur Chef omni service.

CHINCHIN : Ah bon! Elle le connaît bien ? Elle l'appelle par chon petit nom?

ONSFPA : Et un mauvais résultat ne signe pas une incapacité. D'ailleurs, en quoi peut-on dire qu'un résultat est mauvais ?

VERBIA : Justement, c'est ce que je viens d'exposer à Gaston René au téléphone, Il m'a longuement et attentivement écouté, vous en êtes témoins.

COUCOU: Hum, les résultats sont tous mauvais hum... Pour un travail à peine passable, hum, trente inepties. Ces promotions sont des dinosaures. Hum. Une petite tête, hum, avec un corps énorme et une queue qui n'en finit pas. Hum. Hein, hum, des dinosaures, hum, des dinosaures, elle est bonne, hein, hum, qu'est-ce que vous en pensez, hum

POPU : Ce qu'on en pense, ce qu'on en pense, on en pense qu'une nouvelle fois, vous voyez cela sous un éclairage élitiste de classe. Mais, malgré vous, les enfants du peuple auront et ont déjà accès à la culture. C'est cela qui vous rend agressif, bilieux et caricatural. Chacun doit avoir ses chances. Un enfant d'ouvrier a autant le droit d'avoir un diplôme qu'un fils de nanti. En fait, vous voulez pérenniser je ne sais quelle hiérarchie caduque favorable à l'établissement de vos propres rejetons dans des postes où seuls, les enfants des couches défavorisées seraient à même de traiter les vrais problèmes. Alors, vous inventez des examens pour barrer la route à

ceux qui vous inquiètent et vous menacent dans vos fondements même.
CHINCHIN : Les garchons chont gentils.
SCATO : Et les demoiselles, Chinchin, qu'est-ce que tu penses des demoiselles ?
CHINCHIN : Oui, elles chont gentilles auchi, mais les garchons chont gentils.


## Scène 6

### (Les mêmes plus Hélicia)


HELICIA : Ah! Vous travailliez ? Excusez-moi. Euh, Verbia, tu as une minute ?
VERBLA: Oui, mais vite, je suis débordée. Tu comprends cette réunion des premiers mardis du mois qui ne sont pas un jour pair, c'est important et les Neustriens vont arriver. D'ailleurs, Gaston René m'a dit...
HELICIA : Tu permets que je passe un coup de fil d'ici ? *(Elle compose un numéro).*
SCATO : Qu'est-ce qu'on s'ennuie ici.
HELICIA : Allo? C'est Jean-François ? Ah, bonjour,

ici, c'est Hélicia. Dis, pour la réunion ... Vous commencez sans moi, hein... Tu vois il est trois heures et quart et je suis encore ici. Je vais être en retard et peut-être que je ne pourrai pas venir du tout parce que j'attends un coup de téléphone de Bernard et de toutes façons, je n'ai pas encore déballé le matériel de chez AGRAFA. Mais ça, je le ferai demain. De toute façon vous ne m'attendez pas vraiment. Lucette me fera passer un compte-rendu... Oui, oui... Oui. Bon, bah ça, je n'ai pas le temps et puis je manque de personnel. Tu comprends, cela fait deux ans que je fonctionne avec treize postes deux tiers dont cinq mi-temps. J'ai beau le dire à tous les comités restreints, ils ne veulent pas en tenir compte. Alors maintenant moi je m'en fiche, je fais ce que je peux. Bon... C'est ça... Tu t'arranges... Salut. *(Elle raccroche).* Excusez-moi, je vous ai fait perdre du temps. *(Elle va pour sortir)*

VERBIA : Tu voulais me voir ?

HELICLA : *(En riant).* Ah oui, j'oubliais. Tu vois, je perds la tête. Je suis obligée de traiter plusieurs choses à la fois et je manque de personnel. Je n'ai que treize postes deux ...

VERBIA : C'est comme moi, je suis débordée, j'ai les Neustriens...

HELICIA : Alors, je voulais te dire que pour le "gloseur" : ça y est. Paul a donné les plans à l'entreprise. Donc, maintenant ce n'est plus qu'une question de temps. Si tu es toujours intéressée, il faudrait que tu le dises à Paul pour qu'il passe la commande dès que possible.

VERBIA: Voilà enfin une bonne nouvelle. Je vais donc ouvrir un dossier pour le présenter au semi-secteur afin d'obtenir des moyens supplémentaires. Alors, il faut que je te voie pour que tu me dises ...

HELICIA : Oui, mais pas maintenant. En réalité en ce moment, je suis en réunion à l'étage au-dessus. Je me suis échappée cinq minutes afin de te dire pour le « gloseur». Bon! Je vous laisse. Excusez-moi encore. *(Elle sort. Le téléphone sonne)*

ONSEPA : Oui ? Hélicia ? C'est pour Hélicia, mais elle vient de sortir. Vaut-il mieux...

VERBIA : Rappelez-la.

POPU: *(Dans le couloir)* Hélicia! Téléphone

HELICIA: *(Revenant en courant).* Excusez-moi... Oui... Justement j'arrivais *(elle raccroche).* *(En riant)* Je suis vraiment désolée *(elle ressort).*

## Scène 7

## (Les mêmes moins Hélicia)

SCATO : Elle a un beau cul.
ONSEPA : Un résultat mauvais, en quoi est-il mauvais? On ne peut pas tirer de conclusion définitive. Rien n'est absolu, mauvais, c'est moins que bon, mais c'est meilleur que pire. Et puis, que juge-t-on au juste ? L`adéquation du cours au programme ? L'adéquation de l'exercice au cours ? L'adéquation de la compréhension à l'exercice ? Ou l'adéquation du travail à la compréhension ? De cette façon...
CHINCHIN : Les garchons chont gentils.
POPU : Ce qui compte, c'est la motivation. Pourquoi les petits n`auraient-ils pas accès aux plus hautes écoles s'ils sont motivés. Bien sûr, vous préféreriez les maintenir dans des goulags de main-d'oeuvre déqualifiée et sous payée; mais, les masses laborieuses finiront par accéder au pouvoir. Et ce jour là, vous serez chassés de vos chaires archaïques et ce seront les maçons, les manoeuvres, les immigrés méprisés qui vous remplaceront. Eux, ils enseigneront la vraie

culture populaire, la culture qui monte des tripes de la misère, la culture vivante des hommes de la rue.

<u>VERBIA</u> : Donc, je prends les dossiers. *(Il y en a visiblement cinq).* Vous voyez, lorsqu'on aura informatisé tout cela, ce sera beaucoup plus facile. N'est-ce pas Mr Micro.

<u>MICRO:</u> Bien sûr ; la canule du S.R.T. passera dans les murs et le BURG sera relié directement à la SLAV du TREPPIN signal analytique en couleur par laser. Alors, il sera aisé et rapide de transconnecter le faisceau latéral, et le listing partiel s'inscrira sans transverse dans la mémoire isolée. Ainsi, le stock de données sera accessible à tout moment pour quiconque aura le code d'entrée dans la salle technique et la clef d'ouverture du programme MAMO.

<u>SCATO :</u> C'est «vachement chouette».

<u>COUCOU:</u> Hum! On n'arrête pas le progrès, hum. On devrait, hum ... On devrait le mettre en état d'arrestation hum, hum !

<u>VERBIA</u> : En attendant, il faut travailler manuellement. Mais je suis débordée avec les Neustriens et le projet GRATO)... Bon, je prends le premier: Schlafmotzt

<u>CHINCHIN</u> : Ch'est un gentil garchon.

<u>COUCOU :</u> Hum, c'est un crétin, hum.

<u>SCATO:</u> Il nous gonfle.

<u>ONSEPA</u> : On ne peut pas dire, parce que, dans le

dernier devoir, il est net que la troisième question était...

POPU : C'est un bourgeois.

MICRO : Il n'est pas dans le TRIG.

VERBIA : Très bien, passons au suivant: Parriou.

CHINCH1N : Ch'est un gentil garchon.

COUCOU : Hum, c'est un crétin, hum.

SCATO : Il est con.

ONSEPA : On ne peut pas dire, parce que, d'une façon générale, il n'est pas patent que les notions ne soient pas intégrées, pourtant...

POPU : Une fois de plus, votre ostracisme instinctif agit. Pourquoi n'apportez-vous pas toute votre attention, toute votre aide à ce jeune homme ? Hein ? Allons, avouez-le... C'est parce que c'est un fils d'ouvrier. Et, c`est pourquoi je l'assure de tout mon soutien.

MICRO: Il est dans le TRIG, mais la FNEC ne résonne pas dans la B.N.Q.R.S.

VERBIA : Au fait, quelqu'un prend des notes ? Parce que, pour le compte-rendu, il faudra voir avec mon adjoint. Moi je suis complètement débordée. Bon Tolornéo.

CHINCHIN : Je n'ai rien à dire.

SCATO : C'est normal, elle est mignonne.

COUCOU : Hum, c'est vrai hum. C'est tout, hum, il n'y a rien d'autre à en dire, hum. Elle est bête, hum.

ONSEPA : On ne peut pas dire, parce que, dans le dernier devoir on croit pouvoir remarquer dans la troisième question que...

POPU: C'est une fille d'immigrés, aussi, j'en appelle â votre conscience pour...

MICRO : Elle n'est pas encore inscrite au fichier. A moins qu'il n'y ait un virus sur son code analytique.

VERBIA : Le temps passe, le temps passe !

SCATO : *(Poussant un bruyant soupir d'ennui)* Ah !

VERBIA : Le suivant c'est... c'est ... c'est *(elle cherche le nom):* De Saint-Ange.

CHINCHIN : Il n'est pas méchant, mais, des fois, ch'est pas un gentil garchon.

COUCOU: Hum, c'est un crétin, hum, prétentieux, hum.

ONSEPA : On ne peut pas dire, mais si on considère sa courbe de notions, on peut considérer que celle-ci n'est pas complètement horizontale.

POPU : C'est un bourgeois puant.

MICRO: Il est dans le TRIG.

## Scène 8

## (Les mêmes plus Hélicia)

HELICIA: Excusez-moi... Avez-vous vu Nicolas ?
VERBIA : Nicolas ? Quel Nicolas ?
HELICIA : Nicolas Lehideux!
VERBIA : Ah! Oui... Ah! Non. Nous n'avons pas vu Nicolas Lehideux.
COUCOU: Hum ! Ni aucun autre Nicolas d`ailleurs, hum. La question était donc, hum, superfétatoire, hum.
VERBIA: Je suis débordée... Avec les Neustriens et le projet GRATO et les conseils et les...
HELICIA : Je l'avais au téléphone pendant la réunion des sous-responsables inter-service et je l'ai mis en attente pour prendre une communication extérieure sur la deuxième ligne. Et puis, quand j'ai voulu le récupérer c'était occupé. Alors, comme, je manque de personnel, je le cherche, vu que c'est lui qui a la clef du S43 et que je vais être obligée de partir. *(Elle*

*regarde sa montre)* Oh ! Oui, je suis en retard. Je devrais déjà être arrivée.

MICRO: Tu vois Hélicia ! Voilà typiquement un problème qui ne se posera plus quand la canule du S.R.T, passera dans les murs et que le BURG sera relié directement à la SLAV du TREPPLNG. Du collecteur central, on informera sans distorsion la TRED du MLOC par l'intermédiaire du VARU initial pour obtenir la localisation instantanée de chaque BICR mobile. C'est simple!

SCATO : Qu'est-ce qu'on s'emmerde, ici!

# Noir

# Scène 9

# (Mr, Mme, Luz, Elvire, Lili, Zézette)

## *Chez les parents*

MADAME : Elvire, taisez-vous !
MONSIEUR : Laissez parler Mlle Luz.
MADAME : Que les petites entendent.
MONSIEUR : Et qu'elles en tirent les leçons bénéfiques à leur éducation.
ELVIRE : Mais, je ne souffle mot
MADAME : Vous en aviez l'intention.
MONSIEUR: Et ne répliquez pas.
MADAME : Quand vous aura-t-on assez dit de ne pas participer aux conversations ?
MONSIEUR: De ne pas couper la parole aux gens.
MADAME : De n'intervenir que si on vous interroge.
MONSIEUR : Prenez donc exempte sur ces demoiselles. Elles savent rester coites.
MADAME : Bien que ce ne soient que des enfants.
MONSIEUR: Et leur admiration pour leur aînée serait sans limites si, par vos interventions permanentes, vous n'empêchiez pas Mlle Luz, de s'exprimer.

MADAME : Mesdemoiselles, écoutez bien vote soeur et songez au chemin qu'il vous reste à parcourir pour parvenir à votre tour à l'institution qui parachèvera votre éducation.

LUZ : Mais, Maman...

MONSIEUR : Ne vous inquiétez pas, chère petite, nous tentons seulement d'arrêter cette péroraison intempestive pour vous permettre de raconter, dans le calme et le recueillement.

LUZ : Mais, Papa...

MADAME : Nom sommes tous impatients de vous entendre. Mlle Zézette ! Redressez-vous

LUZ : Mais. Maman...

MONSIEUR : Que de délicieux souvenirs, que d'anecdotes charmantes, que de ravissements éblouis vous avez parcourus loin de nous. Elvire, veuillez nous laisser.

LUZ : Mais Papa : Elvire est ma...

MADAME : Bon, restez. Lili, ne chuchotez pas.

LUZ : Mais, Maman...

MONSIEUR : Poil de souris jaune!

MADAME : Victor, ne dites pas de gros mots.

LUZ : Mais, Maman...

MONSIEUR : Pardonnez-moi si les choses m'échappent, mais j'étouffe, parapluie de baleine, jus de grenouille, j'étouffe de... de... de contentement.

MADAME : Victor, vos globules.

LUZ : Mais, Maman...

MONSIEUR: Chère Luz, êtes-vous au moins heureuse de revenir â la maison ?

LUZ : Mais, Papa...

MADAME : Oui, n'éprouvez-vous pas quelques regrets d'avoir quitté ces lieux où vous vous recueillîtes et où vous maturâtes si longtemps.

LUZ: Mais, Maman...

M0NSIEUR : Vous ne dites rien, seriez-vous triste ?

LUZ : Mais, Papa...

MADAME : Voyons, Victor La pauvre petite est fatiguée.

LUZ : Mais, Maman

MADAME : Après un si long voyage.

LUZ : Mais, Maman...

MONSIEUR : Mon enfant, rassurez-vous, vous pourrez retourner à votre chère maison, chaque fois que vous voudrez.

LUZ: Mais, Papa...

MADAME : En visiteuse, en ancienne de l'institution.

MONSIEUR: Vous apporterez votre expérience aux jeunes débutantes.

LUZ : Mais, Papa...

MADAME: Et, qui sait? Peut-être deviendrez-vous une des bienfaitrices de cette demeure à laquelle vous devez tant.

LUZ : Mais, Maman...

MONSIEUR : Et quel attendrissement ! Racine de courgette ! Quand vous y retournerez.

LUZ : Mais, Papa...

MADAME : Victor, vos globules…

LUZ : Mais, Maman...

MADAME : Allons, Mesdemoiselles. Il faut laisser votre aînée reposer.

LUZ : Mais, Maman...

MONSIEUR: La pauvre chérie est exténuée. *(Les parents prennent chacun une petite dans leurs bras).*

LUZ: Mais, Papa...

MADAME : Nous vous délivrons de leur interminable babillage.

LUZ : Mais, Maman...

MADAME : Elvire... Veuillez seconder Mlle Luz.

ELVIRE : Merci Madame.

MONSIEUR : Ah! Hélice de sabot ! Que je suis fier de ce que je viens d'entendre. Mlle Luz, votre discours m'a rempli de félicité.

LUZ : Mais, Papa...

MONSIEUR : Jus de grenouille ! Jus de grenouille Que je suis aise.

MADAME : Victor ! Vos globules. *(Les parents sortent avec les petites).*

## Scène 10

## (Luz, Elvire)

*(Long silence gêné, puis tout à coup, elles s`embrassent).*

ELVIRE : Alors, l'institution, c'était comment ?
LUZ : C'était ailleurs.
ELVIRE : Et vous le regrettez
LUZ: Oh! Elvire, avant, quand j'étais petite, tu me tutoyais.
ELVIRE. Maintenant, vous êtes grande.
LUZ : Pas beaucoup plus. Et puis, qu'est-ce que cela change ?
ELVIRE : Je ne peux plus. Si vos parents m'entendaient.
LUZ : Déjà avant, tu me tutoyais lorsque nous étions seules. Tu vois. Nous sommes seules... Et puis, si tu me disais vous, je crois que je serais obligée d'en faire

autant... Je t'en prie... Tu te souviens, tu m'enchantais de contes de fées ou d'histoires pour me faire rire ou me faire pleurer.

ELVIRE : C'était, il y a longtemps.

LUZ : J'étais une petite fille, mais tu n'étais pas beaucoup plus vieille que moi. Quelquefois, tu faisais les poussières dans les chambres du haut et moi, j'allais m'asseoir à côté d'une armoire ou sous la table. Alors, tu fermais la porte et tu me parlais de tes amoureux... Tu te souviens ?

ELVIRE : Oui.

LUZ : Il y avait le fils de l'épicier de ton village qui t'écrivait des lettres que tu allais, en cachette, chercher à la poste. Et, chaque fois que tu en recevais une, tu ne me la montrait pas, bien sûr, nuis tu me la racontais, et tu riais. Et puis, il y a eu le jeune gendarme qui venait d'être nommé, et puis...

ELVIRE : Ce n'était pas vrai.

LU Z : Ce n'était pas vrai? Alors, pourquoi disais-tu cela ?

ELVIRE : Pour faire croire.

LUZ : Tu n'avais pas d'amoureux ?

ELVIRE : Non. Mais c'était amusant.

LUZ : Et maintenant ?

ELVIRE : Qui sait ?

LUZ : *(Elle rit)* N'y aurait-il pas anguille sous roche ?

ELVIRE : Peut-être.

LUZ : Tu me le diras ?

ELVIRE : Un jour, bien sûr.

LUZ : Elvire, dis moi "tu".

ELVIRE: Non.

LUZ : Je ne t'ai pas demandé de me dire "non" ; je t'ai demandé de me dire "tu". Dis moi "tu".

ELVIRE : "Tu"

LUZ : Tu vois... Tout est redevenu comme avant

*(Elles rient, se donnent les mains et sautent ensemble à pieds joints comme si elles rebondissaient sur un sommier de lit)*

ENSEMBLE : A la une, à la deux, à la trois.

*(A trois, elles s'accroupissent. se relèvent en cadence, et recommencent).*

ENSEMBLE: A la une, à la deux, à la trois.

*(Brusquement, Elvire va voir à la porte).*

LUZ : Qu'est-ce qu'il y a ?

ELYIRE : J'ai eu peur, j'ai cru que quelqu'un montait l'escalier.

LUZ : Qui veux-tu qui vienne !

ELVIRE : Alors, tu es contente d'être revenue ici ?

LUZ : Bien sûr. J'ai retrouvé le jardin, la maison, les parents, les petites, et je te retrouve. C'est comme si je n'étais pas partie. Même si Maman a quelques cheveux blancs, même si les petites ont grandi, rien n'est changé et tu es toujours la même. Les cerises du jardin seront bientôt mûres. Avant, j'avais toujours envie de grimper sur les arbres.

ELVIRE : C'était interdit, parce que tu étais petite.

LUZ : Et maintenant, c'est interdit parce que je suis grande.

ELVIRE : Nous ferons la cueillette pour toute la famille.

LUZ : Je ne demanderai l'autorisation à personne.

ELVIRE : Et tu m'ordonneras de t'installer l'échelle toi-même.

LUZ : Et nous grimperons sur l'arbre.

ELVIRE : Luz, tout à l'heure, tu ne m'as pas répondu. C'était comment l'institution ? Est-ce que tu y étais bien ?

LUZ : Oh ! L'institution, il y en a, en même temps, mille choses et peu à en dire. Je te raconterai tout cela au fil des jours, quand des souvenirs me reviendront à propos de tout et de rien... Tu sais, c'était une grande maison, ou plutôt un ensemble de plusieurs bâtisses avec de vastes salles, aux murs très épais et très hauts ; avec de larges fenêtres et des couloirs interminables où, tantôt, régnait le silence de pas évanouis et, tantôt, pétillait un pépiement de voix adolescentes. Il y avait les enseignants et les autres adultes garants du bon fonctionnement de la discipline et de la morale.

ELVIRE : Rien que des personnes dignes.

LUZ : Il y avait celles à qui on parlait parfois, et celles à qui on ne parlait jamais. Il y avait celles que l'on aimait bien, celles que l'on n'aimait pas et celles pour qui on ne savait pas. Et puis, il y avait les pensionnaires : des grandes, des petites. Parfois, une grande partait et elle était un peu émue. Parfois, arrivait une petite et elle pleurait beaucoup.

ELVIRE : Et toi, tu as été émue ? Tu as pleuré ?

LUZ : Comme les autres. Parfois, nous faisions des bêtises et nous nous faisions gronder. Le plus souvent, les jours suivaient à la routine des jours, en rires et en chamailleries, sans conséquences. Cela a commencé, s'est déroulé et s'est achevé. Et aujourd'hui, j'ai l'impression que rien n'a existé et que je ne suis jamais partie.

ELVIRE : Il faut aller dormir maintenant. Comme quand tu étais petite fille, je vais te border dans ton lit et; si j'arrive à trouver une histoire, pas trop bête, je te la raconterai.

LUZ : Non. Aujourd'hui, c'est moi qui vais te raconter une histoire. Un soir, j'étais dans une salle de dessin. C'était une solennelle pièce, aux tentures un peu désuètes, où des fleurs séchées, dans des vases de porcelaine, côtoyaient des têtes en plâtre et des objets pieux sur des étagères. Le soleil, par les vitres de couleur, laissait tomber, sur le sol, des prismes de lumières obliques et chaudes, que quelques insectes traversaient en s'illuminant dans leur vol incertain. Le calme reposait alentour et chacune de nous faisant semblant de se concentrer sur son ouvrage, somnolait tranquillement ou laissait son crayon vagabonder sur sa feuille, et son esprit dans des rêves vagues. Peu à peu, les prismes de lumière s'inclinaient. Les flaques de lumière glissaient sur le sol ou s'accrochaient progressivement à de nouveaux objets, tandis qu'elles en abandonnaient d'autres. Lentement, cela m'enveloppa, me traversa et me dépassa. Mais, même alors, j'en restais imprégnée, comme si une magnifique maladie m'avait envahie. Je ne pouvais détacher mes yeux de ces rayons parallèles et engourdissants. Tout, autour de moi, s'était évanoui. Moi-même, je n'existais plus, je ne pensais plus, je ne sentais plus. Seule vivait la lumière.   Alors, le tapis doré gagna le mur et entreprit son ascension, lent, inexorable. Quand l'éblouissement atteignit la moitié de la paroi, je compris tout â coup une chose â laquelle je n`avais jamais pensé.

> *(A partir de là, la lumière va diminuer et virer peu à peu au rouge centrée sur les deux*

*personnages pour s'éteindre complètement à la fin de l'acte).*

Le soleil déclinant se rapprochait, dans sa course, de l'horizon. Et, plus le soleil descendait, plus ses rayons se redressaient. Plus il allait vers son anéantissement, plus sa lumière triomphait dans la salle qui prenant des colorations de plus en plus exaltées. C'était comme si un autre soleil se levait de la chute du premier comme si une mort apparente entraînait une naissance nouvelle. Lorsque l'illumination allait atteindre le plafond, l`ombre d`un arbre de la cour apparut et masqua les lueurs flamboyantes de la pièce et du soleil. Alors, je sus que la lumière était partout, même si, par moment un simple écran pouvait en masquer la réalité en l'accaparant pour une seule de ses faces. Je me dis que la lumière, en toute chose est, et que, lorsque nous pensons être à l'ombre, nous ne sommes, en fait, que du mauvais côté et que nous réduisons la vision générale de l'univers à notre petite personne qui n'est que derrière un arbre temporairement malencontreux.

# Noir

# ACTE II

## Scène 1

### (Verbia, Coucou, Scato, Chinchin, Onsépa, Micro, Hélicia, Popu.)

*Praticable côte cour avec 2 portes (A et B) Popu, Coucou, Scato, Chinchin, Onsépa sont assis avec des paperasses diverses.*

<u>VERBIA</u> : Je suis débordée. Les Neustriens sont partis. Le transport n'était pas prévu et le véhicule était trop grand. Cela m'a terriblement retardée.
<u>COUCOU</u> : Hum, Hum, tous des demeurés, hum. Ils

pourraient au moins parler notre langue, hum .., ou bien, rester chez eux, hum ...

SCATO : Mais! Ils nous emmerdent ceux-là!

CHINCHIN : Ch'étaient de gentils garchons

SCATO : Deux hommes, huit femmes. Tu as raison Chinchin: l'exotisme, ça a du bon.

VERBIA : Je vais ouvrir un dossier pour maintenir une relation. D'ailleurs, le responsable du groupe m'a promis de me prévenir quand la prochaine réunion internationale du groupe FRICUS aura lieu chez eux à Misérabilo. Il faut que j'obtienne des moyens supplémentaires.

ONSEPA : On peut toutefois se demander si un intérêt scientifique quelconque et pour quiconque peut se dégager de tout cela, parce que...

POPU : Les amitiés entre les peuples doivent se faire pour les peuples et par les peuples. Va-t-on ici encore voir poindre une haute administration tatillonne et stérilisatrice ? La hiérarchie, c'est comme les étagères: Plus c'est haut et moins ça sert !

SCATO : *(Gros soupir sonore)*. On peut s'en aller ?

VERBIA : Bon: il faut que je reprenne le projet GRATO. Je suis débordée. Si je ne n'occupe pas de tout, rien ne se fait. Je ne peux même pas compter sur mon adjoint : Lui, il fait seulement notre travail. Pourquoi étais-je ici ? Vous ne savez pas où est Mr MICRO ? Ca n'avance pas vite cette histoire de câblage ... Il faut que j'ouvre un dossier pour demander des moyens supplémentaires à la chambre des inactivités compétentes. *(Elle sort en A)*

<u>ONSEPA</u> : Qu'est-ce que vous en pensez, vous de tout cela ?

<u>CHINCHIN</u>: Che qu'on penche de quoi au juchte ?

<u>SCATO</u> : Je n'en sais rien et je m'en fous complètement.

<u>COUCOU</u> : Hum! Chers collègues, nous vivons dans un monde décadent hum, hum, hum, hum Ces messieurs les admis supérieurs, n'ont rien compris à la question, hum. Ils ont rédigé des volumes et des volumes qui, hum, n'apportent rien. Moi, hum, j'ai écrit trente cinq pages qui vous éclaireront, hum beaucoup plus, hum.

*Entre Hélicia en B*

<u>HELICIA</u> : Je cherche Verbia. Je sors de la réunion inter-groupes et je croyais la trouver dans son bureau mais, au standard, on m'a dit qu'elle demandait Micro. Je suis passée au bureau des arrangements et j'espérais la trouver ici. Vous ne savez pas où elle est?

<u>ONSEPA</u> : Elle est certainement quelque part ; mais, le nombre de «quelque part» étant quasi illimité, raisonner par élimination semble inadapté. Aussi, il faudrait peut-être...

<u>HELICIA</u> : Bon, je vais voir ailleurs. *(Elle sort en*

*B)*

ONSEPA : Quand on ne sait pas, on ne sait pas. Pourtant après extraction des cas aberrants, on devrait méthodiquement reconstruire positivement ...

SCATO : Tais-toi Onsépa. Tes raisonnements sont presque plus ennuyeux que la réalité quotidienne.

POPU : Et puis, l'avancée historique de la conscience populaire peut se passer de ces errements.

ONSEPA : Oh! Moi j'essayais de rendre service, parce que ...

*(Entre Micro en B)*

CHINCHIN : Ah ! Micro : Verbia te cherchait tout à l'heure.

SCATO : Et Hélicia cherchait Verbia ...

COUCOU : Et vous, hum, cher collègue, hum, cherchez-vous quelqu'un ? Je lui demande s'il cherche quelqu'un, hum. Elle est bonne hein, hum. Tout le monde cherche hum, alors je lui demande, hum

MICRO : Non, moi, je venais seulement me faire un café. Quelqu'un veut un café ? Bon. Et bien si Verbia me sollicite il faut que je la trouve avant qu'Hélicia ne l'accapare sinon, la série que j'ai mise en route va s'emballer sur une boucle indéterminée sans former de sortie aléatoire préconçue. Si on me demande, je suis dans le BLAC du TRI pour désinfluencer la NERV du GURM en attendant que le S.A.E. stimule la perte

GRED affinée par les essais de VR1T opératoire directe. *(Il sort en B)*

SCATO : Et merde! Merde ! Merde Si c'est ça l'avenir, je le déclare tout net. Je suis conservateur.

*(Entre Verbia en A)*

VERBLA : Vous n'avez pas vu Mr Micro ?

CHINCHIN: Chi, on l'a vu. Il a dit qu`il était dans le chlarctic non dans le vroum, vroum.

SCATO : Mais oui Chinchin ; il est parti: merde.

COUCOU : Mais, hum, Mme Hélicia était à votre quête, hum. Cela avait l'air urgent hum.

CHINCHIN : Encore pluch que d'habitude.

VERBIA : Hélicia ? Ah bon ? Et qu'est-ce qu'elle me veut ?

ONSEPA : On ne sait pas, mais il semblerait que...

SCATO : Tu as bien dit Onsépa. Il semblerait qu'on ne sait pas.

VERBIA : Je passe un coup de téléphone. Si elle revient...

*(Elle sort en A)*

CHINCHIN : Ch'est cha on lui dira qu'on chait pas ... hein Onchépa ?

ONSEPA : Là, là Chinchin, tu exagères. Je n'ai pas dit que...

SCATO : Mais si tu l'as dit... Et je suis poli.

*(Entre Hélicia en B)*

HELICIA : Vous n'avez toujours pas vu Verbia ? Il

parait que Micro la cherche. Alors, si je veux lui dire que...

COUCOU : Ecoutez, chère Amie, hum, asseyez-vous là, hum, et, hum, attendez. Ici, hum, vous verrez passer la moitié de la planète, hum, Donc., avec un peu de chance, hum, hum...

HELICIA : Non, je n ai pas le temps. Je suis déjà en retard. Si vous l'apercevez ...

SCATO : Mais, bien sûr on lui dira que tu es passée.

*(Elle sort en B)*

SCATO : Elle en venue, elle a vu et elle est partie.

COUCOU : Partue, hum, hum, hum, pour la rime, hum, partue hum, pour la rime, hum.

*(Entre Verbia en A)*

VERBIA : Il parait qu'Hélicia est ici.

SCATO : Non, elle n'y est plus, plus, plus *(à Coucou)* pour la rime.

VERBIA : Et, Mr Micro qui n'est nulle part...

*(Elle sort en A)*

ONSEPA : Ah non ! Il est obligatoirement quelque part. Ceci est un abus de langage. La coutume, Hélas entraîne à dire...

SCATO: Verbia n'est pas là ?

CHINCHIN : Mme Hélichia non plus.

SCATO : Mais toi, tu es là.

*(Entre Micro en B)*

COUCOU: Hum, hum, momentanément, hum.

ONSEPA : Hélas.
> *Micro sort en B,*
> *Hélicia entre en B)*

HELICIA : J'ai vu sortir Micro. Verbia n'est pas ici ? SCATO : Nom
> *(Hélicia sort en B*
> *Entre Verbia en A)*

VERBIA : Toujours pas de Mr Micro?
ONSEPA: ...
SCATO : Non!
> *(Elle sort en B*
> *.Micro entre en A)*

MICRO : Vous n'avez pas ...
SCATO : Non.
MICRO: Ni ...
SCATO : Non,
> *(Micro sort en A)*

ONSEPA : Pourtant il faut reconnaître que...
> *(Entre Verbia en B)*

VERBIA : Ce n'est pas la voix de Mr Micro que j'ai entendue.
SCATO : Oui, mais il n'est plus là.
CHINCHIN : Hélichia non plus.
> *(Elle sort en B,*
> *Entre Hélicia en A)*

SCATO et CHINCHIN : Non!
HELICIA : Mais...

SCATO et CHINCHIN : Non ?
HELICIA : Je ...
COUCOU et POPU : Non!
HELICIA : Ah bon.

>*(Elle sort en A*
>*Entre Micro en B)*

**Petit ballet:**

> *Micro, Verbia et Hélicia entrent et sortent alternativement en A ou B, sans jamais que Verbia ne rencontre l'un des deux autres. Scato et Chinchin ouvrent et ferment chacun une porte obséquieusement. Au bout d'un moment plus personne ne passe mais ils continuent leur petit jeu. Enfin, ils claquent les deux portes à la fois.*

SCATO: Et merde!


# Noir

## Scène 2

## (Yvan, Boby, Hombre)

> *Dans les poubelles, Hombre marche d'un air indécis. Boby dort. Yvan est assis et contemple la scène.*

<u>YVAN:</u> Boby! Eh Boby!
<u>BOBY :</u> Quoi ?
<u>YVAN:</u> Regarde, il marche.
<u>BOBY :</u> Je m'en fous.
<u>YVAN:</u> On dirait qu'il cherche quelque chose.
<u>BOBY :</u> Et alors?
<u>YVAN :</u> C'est bon signe : il commence à s'intéresser.
<u>BOBY :</u> Tu crois ? Pourtant il ne dit rien.
<u>YVAN :</u> Justement. On ne lui demande pas de

parler. Remarque comme il a vite compris que l'empire du verbe n'est pas son fait. La parole, ici, c'est moi. Alors; il apprend sa tâche. Il fouine. Et, je le réitère avec confiance c'est bon signe.

BOBY : Si tu le dis...

*(Hombre met les pieds sur la passerelle.)*

YVAN: Eh! Où vas-tu ?

HOMBRE: Par là.

BOBY : Reste donc tranquille.

HOMBRE : Tu ne veux pas que je marche ?

BOBY : Marche où tu veux, mais descend de là-dessus.

HOMBRE : Cette coursive, où conduit-elle ?

BOBY : Je n'en sais rien.

HOMBRE : Alors, je vais y aller et je te raconterai.

BOBY : Non.

HOMBRE : Pour quelle raison ?

BOBY : Je ne veux pas te laisser aller n'importe où sans surveillance.

HOMBRE : Alors, viens avec moi.

BOBY: Non.

HOMBRE : Encore ? Pourquoi non ?

BOBY : Parce que moi, je suis d'ici. Ici, je suis installé je suis bien. Ici il y a mes poubelles et Yvan. Pourquoi irais-je ailleurs? Ailleurs je ne connais pas. Ailleurs... va savoir...

HOMBRE : Et toi, Yvan, sais-tu où mène ce chemin?
YVAN : Non
BOBY : Ah ! Tu vois... même lui...
HOMBRE : Et tu n'as pas envie de le découvrir?
YVAN : Mon pauvre petit bonhomme ! Il y a longtemps que tout est découvert. Le monde, avez des uniformités immenses est devenu tout petit. Tu vas marcher, te fatiguer, risquer des déboires, et après...
HOMBRE : Si nous partions ensemble.
BOBY : Et nos poubelles
YVAN : Tais-toi Boby.
HOMBRE : Allons seulement jusqu'au bout de ce promontoire. De là, notre vue s'élargira et nous aviserons.

> *(Il avance et monte au bout de la passerelle, contemple un instant, puis revient.)*

YVAN: Alors?
HOMBRE : Rien.
YVAN: Tu vois.
HOMBRE : C'était comme un grand bras suspendu sur le vide, en forme d'éternel adieu. Mais c'était aussi un appel désespéré vers l'envers du monde.
YVAN : Reviens ici, et écoute-moi. *(Hombre s'assied sur la passerelle).* Dans le fond, je ne sais pas grand chose et je ne me rappelle plus comment je tiens cela ; mais je crois avoir entendu dire que, dans le passé,

d`autres déjà se sont engagés par là. Souvent, comme toi, ils ont fait quelques pas et, comme toi, ils ont été déçus. Mais, on ajoute que, quelquefois, ils ont marché. Leur image peu à peu s'est diluée dans le lointain on ne les a jamais revus, comme s'ils s'étaient dissous dans les nimbes des âmes errantes.
BOBY : Tu veux dire que le vide les a mangés ?
YVAN : Oui, si tu veux.
BOBY : Tu te rends compte : Mangés par le vide... Allez descends de là en vitesse ; sinon, moi, je te fracasse le crâne.

## Noir

## Scène 3

## (MADAME, MONSIEUR)

> *Chez les bourgeois: Monsieur lit le journal; Mme trie des écheveaux à broder.*

MONSIEUR : Comme je suis aise que notre petite Luz soit de retour.

MADAME: Comme je suis aise aussi qu'elle soit de nouveau parmi nous.

MONSIEUR : Comme j'avais eu une bonne idée de l'envoyer faire son éducation dans cette institution.

MADAME : Je crois, vous me l'avouerez, que j'avais raison de l'envoyer dans cette institution pour son éducation.

MONSIEUR : Jus de grenouille, je crois que je peux être fier de moi.

MADAME : Je dois avouer que peu de femmes ont été aussi judicieuses que moi dans leurs choix. Quand je pense à toutes les réticences que les plus proches m'avaient opposées.

MONSIEUR : Que de persuasion j'ai du prodiguer pour faire entendre mon choix. Il en est même qui, jus de grenouille, m'ont accusé de dureté. Et vous même, ma chère, me suppliiez de ne pas vous arracher cette enfant encore trop tendre pour quitter le coeur maternel.

MADAME : Ne m'a-t-on pas dit que j'étais une vaniteuse et que je faisais passer mon orgueil avant la sensibilité de mon enfant ? Vous même, cher Victor, souvenez-vous comme vous avez résisté, à ce départ.

MONSIEUR : Vous trouviez que c'était trop tôt, trop loin, que nous ne la verrions pas assez souvent.

MADAME : Vous me faisiez remarquer que nous allions perdre les plus belles années de notre fille.

MONSIEUR : Vous assuriez qu'elle finirait par nous oublier.

MADAME : Vous craigniez qu'elle soit trop malheureuse loin de nous et des petites.

MONSIEUR: Vous avez même boudé devant mon insistance ferme à décider en chef de famille.

MADAME : Vous êtes allé jusqu'à vous fâcher devant ma détermination de mère responsable à donner à notre fille une digne expérience.

MONSIEUR : Mais j'ai tenu bon.

MADAME : Je ne me suis pas laissée fléchir.

MONSIEUR : J'étais sûr de mon fait.

MADAME : Aussi, le temps m'a donné raison. Il est notoire que, sans mon opiniâtreté, Mlle Luz ne serait pas une jeune fille distinguée.

MONSIEUR : Je suis heureux d'être l'initiateur d'une si belle réussite. Ah! Citrouille à pattes!

MADAME : Victor, ne vous échauffez pas. Songez à vos globules. Mais, accordez-moi que, lorsque je vous présentais cette institution, ce fut, malgré vous, une riche initiative.

MONSIEUR : Mais, Manie, je suis en parfait accord avec vous pour reconnaître que j'ai eu là, malgré vous, une brillante idée.

MADAME : Vous voyez, à terme, que parfois, il est bon d'écouter son épouse.

MONSIEUR : Vous comprenez, aujourd'hui, que j'ai bien fait de ne pas vous écouter.

MADAME: Mon cher Victor, chaque jour me confirme que notre ménage devrait être un modèle au monde.

MONSIEUR: Notre union est une bénédiction.

MADAME : Nous étions faits pour nous entendre.

MONSIEUR : Jamais l'ombre d'un différend.

MADAME : Et, c'est à juste titre, que nous sommes cités en exemple.

MONSIEUR : Jus de grenouille, groseille écrasée et citrouille â pattes ! Que je suis aise!
MADAME: Victor, Vos globules !

# Noir

## Scène 4

## (Hélicia - Verbia)

*(Chez les intellectuels: Verbia et Hélicia entrent Simultanément chacune par une porte et manquent de se heurter.)*

VERBIA : Hélicia ?
HELICIA : Verbia !
VERBIA : Tu me cherchais ? Je te cherchais aussi.
HELICLA: Ah! Tu me cherchais et bien moi aussi je te cherchais.
VERBIA : Et pourquoi est-ce que tu me cherchais ?

HELICIA : Tu ne sais pas pourquoi je te cherchais ? Mais toi alors pourquoi me cherchais-tu?

VERBIA : Moi, je te cherchais parce que je savais que tu me cherchais ; mais je ne sais pas pourquoi tu me cherchais.

HELICIA : Tu ne sais pas ? Et moi qui te cherchais pour te prévenir. Tu n'aurais pas du me chercher afin que je te trouve pour te le dire.

VERBIA : Oui, mais moi, je ne savais pas que pour me le dire, il fallait que tu me trouves et que, comme tu me cherchais il fallait que j'arrête de chercher. C'est pourquoi je cherchais.

HELICIA : C'est pourquoi tu cherchais et c'est pourquoi je ne trouvais pas.

VERBIA : Voilà.

HELICIA : Alors, tu n'es pas au courant

VERBIA : Au courant de quoi ?

HELICIA: Au courant de ce que je voulais te dire quand je te cherchais.

VERBIA : Et que tu ne me trouvais pas.

HELICIA : C'est ça.

VERBIA : Non, je ne suis pas au courant, raconte-moi. Tu sais je suis débordée.

HELICIA : Tu n'es pas au courant.

VERBIA : Non.

HELICIA : Mais tout le monde le sait. On ne parle que de ça.

VERBIA : Tout le monde sait ? Comment se fait-il que je n'ai pas été informée. ?

HELICIA : Il parait qu'il y avait eu des notes dans tous les services.

VERBIA : Ah bon Je suis tellement débordée ; cela m'aura échappé.

HELICIA : Et moi, je manque de personnel alors, je l'ai appris par hasard, il n'y a pas une demi-heure.

VERBIA : Avant de me chercher.

HELICIA : Bien sûr, sinon, je ne t'aurais pas cherchée.

VERBIA : Alors, raconte-moi.

HELICIA: Tu sais de qui nous allons avoir la visite ?

VERBIA : Encore une visite ? Mais qui cette fois ?

HELICIA: Le Bigue.

VERBIA : Le Bigue ? Pas le Bigue ?

HELICLA : Si, le Bigue.

VERBIA : Le Bigue : le ministre ?

HELICIA : Le ministre... Le Bigue : le ministre de la recommandation.

VERBIA: Le ministre de la recommandation.

HELICIA : De la recommandation.

VERBIA : Mais qu'est-ce qu'il vient faire ici?

HELICIA : Je ne sais pas ? Il passait dans la région, alors on a mis, sur son planning, une visite chez nous.

VERBIA : Mais cela ne s'improvise pas, et moi qui suis déjà débordée.

HELICIA: Il va falloir lui exposer nos problèmes.

VERBIA : Je vais préparer un dossier.

HELICIA : J'espère que nous allons bien le recevoir.

VERBIA: Combien de temps restera-t-il ici ?

HELICIA : Oh ! Une heure ou deux.

VERBIA: Il va falloir lui faire visiter la maison.

HELICIA: Et les archives.

VERBIA: Et les locaux spéciaux

HELICIA : Et le matériel de pointe.

VERBIA : Et lui présenter nos projets.

HELICIA : Et nos futurs projets de projets.

VERBIA : Il ne faut pas traîner.

HELICIA : Nous devons nous organiser rapidement.

VERBIA : Ne rien laisser au hasard.

HELICIA : Je vais manquer de personnel.

VERBIA: Je suis débordée!

# Noir

## Scène 5

## (Boby - Yvan - Hombre)

*Les poubelles (Hombre va et vient sur la première moitié de la passerelle. Yvan tourne le dos et mange une banane puis, il lira un journal. Boby regarde Hombre).*

<u>BOBY :</u> On t'a déjà dit de ne pas monter là-dessus... Eh? Tu entends... Yvan ? Eh? Yvan ! Il ne m'écoute pas... Qu'est-ce que je fais. Eh ! Yvan... Alors, toi aussi tu t'y mets? Tu ne réponds pas... Mais moi, je ne sais pas m'y prendre... Et toi, descend de là, sinon je vais te corriger. Non seulement tu seras en bas mais tu auras de plus, une solide envie de ne jamais y être monté. Tu sais, je ne ris pas...

*(Il s'approche du pied de la passerelle. Hombre recule de deux pas. Boby n'ose pas monter).*

BOBY : Attends que je t'attrape... Il faudra bien que tu reviennes et alors là, même si tu obéis de ton plein gré, je sens que je t'appliquerai quelques douzaines d'horions qui me soulageront.

*(Hombre nargue Boby)*

BOBY : Yvan ! Eh ! Yvan, en plus, il se paie ma tête... *(Boby va vers Yvan, puis, hurlant):* Yvan !

YVAN: M'ouais?

BOBY: Ah! Quand même.

YVAN : M'ouais?

BOBY : Tu fais attention à ce que je te dis ?

YVAN: M'ouais.

BOBY : Il se paie ma tête.

YVAN: Piètre dépense.

BOBY : Non mais, tu vois bien qu'il est encore sur cette passerelle... Après toutes les interdictions…

YVAN: M'ouais.

BOBY : Toi, tu t'en moques et laisse retomber sur moi tout le poids des responsabilités de son éducation. *(A Hombre)* Tu ne perds rien à retarder. *(A Yvan)* Mais, fais quelque chose.

YVAN : Boby : tu es admirable. Je n'aurais pas soupçonné en toi pareille sollicitude. Tu n'y arrives pas, bon : et bien, tu n'y arrives pas. C'est normal. Tu n'as pas d'expérience. Tu verras; prends patience. Avec le temps et l'habitude, tu acquerras du doigté, de la virtuosité même. C'est toujours comme ça : au début attends :*(Il fouille dans les poubelles et sort des vêtements: tablier et bonnet dont il affuble Boby)*. Là : avec cet uniforme, tu ressembles déjà plus à ton rôle. Ne sens-tu pas en toi monter l'âme d'une Nounou de choc ? Maintenant, retournes-y et parle-lui gentiment.

BOBY : *(S'exécutant)* Hombre, mon petit Hombre, viens ici que je te flanque la raclée que tu mérites.

>*(Hombre commence par descendre puis, remonte vite sur la fin de lu phrase)*.

YVAN : Non, je t'ai dit : gentiment.

BOBY : Mais, je lui ai dit gentiment que je voulais lui mettre une raclée.

YVAN : On n'attrape pas les mouches avec du vinaigre.

BOBY : Mais, je veux…

YVAN: Mais tu ne le dis pas. Et puis, il faut agir par la douceur, le persuader du bien fondé de ta démarche, lui faire croire que c'est lui qui en a décidé ainsi... Vas-y.

BOBY: Hombre, mon petit Hombre, maintenant, tu as fini de jouer sur cette passerelle. Hein ? Hombre, tu es d'accord *(entre ses dents)* qu'il faut que je te frictionne les côtes *(tout haut)*. Tu vas être très gentil *(tout bas)* : Le temps que je t'empoigne *(tout haut)* Tu vas venir faire une grosse bise à Tonton Boby. *(Tout bas)* Je suis ridicule. *(Tout haut)* : Et promettre très tort de ne plus recommencer. *(Tout bas)* : Il va me payer ça ; je vais l'assommer. *(Tout haut)* Allons maintenant c'est fini ; on est sage. *(Tout bas)* Oh ! Que je suis ridicule !

<u>HOMBRE :</u> Boby tu es ridicule.

<u>BOBY :</u> *(Pleurnichant sur l'épaule d'Yvan)*. Je le savais ... Je le savais... C'est ta faute, aussi, à toi. *(Il arrache ses oripeaux et agresse Yvan)*. C'est encore un de tes mauvais coups ; hein, tu l'as fait exprès; vous étiez d'accord... *(Repleurnichant)* : Ils sont tous d'accord contre moi. Le monde entier est ligué contre moi. Aussi, je vais vous battre l'un après l'autre ou les deux à la fois ... je vais.

<u>HOMBRE :</u> Boby, regarde : je vais, je viens comme je veux. Je t'aime bien, mais je ne veux pas t'obéir. Je ne veux obéir à personne. Yvan l'a compris, lui Il ne me donne pas d'ordres. Comme moi, il est libre : il n'obéit pas et ne commande pas. Comme le coeur m'en dira, j'irai par ici ou par là. Mais je te demande de ne pas t'en inquiéter sinon, je le ferai quand même, mais cela me fera de la peine. Ne crains rien. Tu ne veux pas venir avec moi: soit. Je marcherai donc pour

nous deux et quoi qu'il m'arrive, se sera aussi un peu ton aventure. Mais, ne pense plus à me battre ; parce que si tu me fais mal, c'est aussi toi que tu blesses

*(Il monte lentement la passerelle qui bascule).*

<u>BOBY</u>: Arrête!

<u>YVAN</u> : Laisse-le faire.

*(Hombre revient, la passerelle rebascule).*

<u>BOBY</u> : N'as-tu pas senti que le sol a bougé sous tes pieds.

<u>HOMBRE</u> : Et toi, quand tu te déplaces : Est-ce toi qui marche ? Ou la terre qui, dans sa rotation perfide, glisse sous tes pas ?

*(Hombre repart. La passerelle bascule)*

<u>BOBY</u> : *(A Yvan) :* Le vide va le manger.

<u>YVAN</u> : Laisse donc ces sornettes.

*(Hombre revient, la passerelle bascule).*

<u>BOBY</u> : Si tu continues ce ne sera pas moi qui te détruirai. Tu l'auras voulu ; ce sera ta mauvaise tête.

<u>HOMBRE</u> : Tu vois que le destin bascule, comme il veut. Ne regrette rien Boby, la machine est en marche.

*(Hombre repart).*

<u>BOBY</u> : Attends-moi.

*(La passerelle bascule et Boby ne peut le suivre).*

BOBY : *(A Yvan).* Pourquoi n'essaies-tu pas de le retenir ? YVAN: Toi même tu n'y es pas, parvenu.

*(Hombre revient. La passerelle ne bascule plus. Hombre monte. La lumière baisse progressivement sur les poubelles et s'allume sur le côté cour).*

BOBY : C'est lui qui va nous détruire.
YVAN : Qu'est-ce que tu veux que j'y fasse.

## (Noir sur les poubelles. Lumière en haut Cour).

## Scène, 6

## (Hombre, Coucou, Chinchin, Scato, Popu)

COUCOU : Hum, jeune homme, vous cherchez quelque chose, hum, vous vous êtes égaré ?

HOMBRE : Un peu.

COUCOU : Et comment êtes-vous arrivé ici ? Parachutage ? Protection ? Connivence

HOMBRE : Non, j'ai cherché longtemps, j'ai oeuvré beaucoup. L'ascension a été difficile et douloureuse. J'ai grimpé de toute mon ardeur et, à force de persévérance, tout à coup, je me suis trouvé ici.

SCATO : Merde alors!

COUCOU : Hum, vous êtes un fruit du hasard, jeune homme, hum, hum. Et le hasard fait mal les choses.

CHINCHIN : Pourtant il a l'air d'un gentil garchon.

HOMBRE: Oserais-je, Messieurs, vous demandez votre secours ? Vous savez, je suis plein de zèle et je reconnais volontiers, que mes qualités sont bien timides. Pourtant, j'ai su gravir une à une les passerelles et je vois bien que je peux continuer.

CHINCHIN : Il a l`air d'un gentil garchon.

COUCOU : Hum, jeune homme, si on m'avait demandé mon avis, hum, vous ne seriez pas ici. Ces messieurs les admis supérieurs, hum, n'ont vraiment rien compris; hum. Moi, hum, je serais capable d`interdire ces errements pernicieux, hum. D'ailleurs, l'an dernier, j'ai corrigé le permis de deuxième degré moyen : Sur cent vingt copies, j'ai mis six notes qui n`étaient pas éliminatoires.

POPU : Je vous reconnais bien là. Voilà un jeune homme motivé qui, par son acharnement, veut s'extraire des boues obscures, outrageusement opprimées et vous ne voulez pas lui donner sa chance. C'est là une manifestation supplémentaire de votre ostracisme décadent. Entrez, mon petit vieux, soyez sans crainte. Nous vous éclairerons sur les réalités du monde.

## Scène 7

## (Les mêmes plus Verbia)

VERBIA: Qu'est-ce que c'est ? Je suis débordée La visite de Le Bigue ; le projet GRATO, enfin... Un nouveau ? Un nouveau candidat ? Vite, vite, il faut l'inscrire sur nos listes. Il devra être en majoration modulaire et puis aussi en préparation de permis moyen intermédiaire adapté ; peut-être qu'une standardisation personnalisée ne sera pas inutile ; de même une préformation en stage préalable s'impose et de toutes façons, on l'inscrira également dans le projet de gestion du temps libre. Bon : je m'occupe de toutes ces inscriptions tout de suite. Et puis,

comme c'est un cas très particulier, je vais ouvrir un dossier détaillé pour demander des moyens supplémentaires. Vous n'avez pas de photos d'identité?
HOMBRE : De pho ... to ...
VERBIA : Cela ne fait rien, on s'en passera pour le moment. Mais il faudra y penser ... Je suis débordée.
*(Elle sort)*

## Scène 8

## (Les mêmes moins Verbia)

SCATO : Et merde: un de plus.
COUCOU: Hum, il est entré par la petite porte. Il en sortira par la grande avec: mon pied où je pense.
SCATO : Merde! Merde! Merde!
HOMBRE : Messieurs, pardonnez moi mais, bien que nouveau en ces lieux, je suis parfaitement disposé pour souscrire à vos projets.
CHINCHIN : Ch'est un gentil garchon ?
HOMBRE : Pourtant je suis effrayé à l'énoncé de tout

ce que l'on attend de moi. Est-il possible de réaliser simultanément toutes ces activités ?

CHINCHIN: On ne vous demande pas de faire tout cha : on vous demande, cheulement, de vouj inchcrire.

HOMBRE : Comment cela ; seulement m'inscrire ? J'espérais découvrir les cycles immuables des saisons, l'essence de l'inexplicable existence et les flux et les reflux des courbes de l'univers.

SCATO : Merde... de la poyési ... eu!

HOMBRE : Dès que je serai plus familiarisé avec vos habitudes et vos exigences, vous n'aurez pas à vous plaindre de moi. J'ai su monter jusqu'ici et je tiens à découvrir le savoir du monde.

SCATO : Merde, un scientifique. Mon p'tit gars, si la science vous intéresse, vous êtes trop attaché aux réalités matérielles pour avoir accès aux hautes sphères de la pensée. Naturellement, vous devrez faire acte de présence. Mais, vous n'y comprenez rien ; cela va de soi.

HOMBRE : Et si je comprenais quand même ?

COUCOU : Hum, allez, jeune homme. Vous êtes un bon garçon, hum, sympathique, hum, qui aurait tort de s'entêter à vouloir passer le permis de degré moyen intermédiaire. Hum, allez jeune homme *(il le pousse vers la passerelle),* allez.

HOMBRE : Mais, où voulez-vous que j'aille ?

COUCOU: Hum. Jeune homme, hum, hum, le seul fait que vous ayez posé vos pieds sur, hum, ce paillasson, hum, laisse une tâche, hum, indélébile à l'honorabilité de cet établissement *(très théâtral)* Sortez, jeune homme, hum, sortez !

> *Il le pousse. Hombre descend la passerelle. Il va revenir sur ses pas, mais la passerelle bascule. Alors, il fait demi-tour et il remonte au fond, La seconde passerelle est en conjonction.*

## Noir

## Scène 9

## (Lili, Zézette, Luz, Elvire)

*Côté jardin:*
*Trois éléments de décors figurant un buisson masquent l'arrivée de la passerelle. Deux arbres. Lili et Zézette sont nichées sur l'un. Elles ont cerises sur les oreilles. Une échelle sur le second arbre. Luz sur l'échelle tenue par Elvire.*

<u>ELVIRE :</u> Donne-moi le panier.
<u>LUZ :</u> Pourquoi ?
<u>ELVIRE :</u> il t'encombre pour manger les cerises.
<u>LUZ :</u> Mais non, j'en mets aussi dedans.
<u>ELVIRE :</u> Fais voir.
<u>LUZ :</u> Regarde
<u>ELVIRE :</u> Tout ça? Une, deux, trois et trois six,

sept, neuf, douze, treize et quatorze! Vite allons faire les confitures.

> *(Elle mange ce qui est dans le panier).*

LUZ : Ne te moque pas ... Regarde les petites comme elles s'amusent.

ELVIRE : Lili et Zézette, tenez-vous bien ; si vous tombiez ... Aie ! Aie ! Aïe! Je crois que j'ai mangé toute la récolte.

LUZ : Plus de confitures!


## Scène 10

## (Luz, Elvire, Hombre, Lili, Zézette)

> *Pendant que Luz et Elvire parlent la lumière se rallume sur Hombre. Il entreprend de monter la deuxième passerelle qui bascule vers le Jardin.*

LUZ : Heureusement, les arbres sont assez grands. Il

y aura de quoi satisfaire notre gourmandise et nos paniers pour plusieurs jours.

ELVIRE : Commençons par la gourmandise, nous penserons aux paniers plus tard.

LUZ: Les oiseaux nous en laisseront bien suffisamment.

ELVIRE : Luz ! Il y a quelqu'un

LUZ : Où ça ?

HOMBRE : Ici.

ELVIRE : Comment es-tu arrivé dans notre jardin ?

HOMBRE : Par le sentier, derrière le buisson.

ELVIRE: Mais, il n'y a pas de sentier.

LUZ: Si, Elvire rappelle toi : Quand j'étais petite, souvent, quand tu m'accompagnais, pour te faire enrager, je me cachais. Et je me souviens, derrière ces noisetiers, il y avait comme le départ d`une allée. Oh ! A peine visible dans les prêles.

ELVIRE : Et tu l'as emprunté parfois ?

LUZ : Jamais, j`avais trop peur. Mais plus tard, à l'institution, je rêvais qu'un inconnu arrivait par cet endroit.

ELVIRE : Quel est ton nom?

HOMBRE : Des gens que j'ai connus autrefois, m'appelaient Hombre. Je ne sais pas si c'est un vrai nom.

ELVIRE: Cela est égal: C'est le tien. Je me nomme Elvire. Voici Lili et Zézette.

HOMBRE : Bon appétit.

ELVIRE : Et voici Mademoiselle Luz.

HOMBRE : *(répétant mécaniquement)* Mademoiselle Luz.

ELVIRE : Alors, tu avais rêvé que quelqu'un venait par ce sentier.

LUZ : Oui, et maintenant que je le regarde, je crois qu'il lui ressemblait.

ELVIRE : Et toi; as-tu rêvé quelque chose ?

HOMBRE : Rêvé, non; mais il m'est arrivé d'imaginer traverser un grand pont qui conduisait à une épaisse végétation. Je traversais ces fourrés épineux et me trouvais dans un jardin gracieux.

ELVIRE : Dans un jardin où Mlle Luz cueillait des cerises.

HOMBRE : Peut-être ; je ne sais pas ; je n'ai pas osé.

ELVIRE : *(Riant)* Alors, nous voilà bien.

LUZ : Elvire, ne te moques pas.

HOMBRE : Personne n'est jamais venu par là ?

LUZ : Avant, je n'avais pas le droit de cueillir des cerises.

HOMBRE : Pourtant, elles ne mûrissent que dans ton jardin.

LUZ : Tu me montreras le chemin ?

HOMBRE : Le parcours est incertain.

LUZ : Mais tu l'as déjà accompli.

HOMBRE : Faut-il toujours prendre les mêmes voies?

LUZ: Faut-il toujours changer de route ?

HOMBRE : Nos pas nous dirons où doivent nous conduire nos pas.

LUZ : Ensemble, nous trouverons ce qu'il sera bon de chercher.

HOMBRE : Nous saurons, si tu le veux bien, découvrir l'énoncé des problèmes à résoudre.

LUZ: Les sinuosités de l'existence seront autant des découvertes que de nouvelles questions sinueuses.

ELVIRE : La vie serait facile si l'on savait ce que l'on doit chercher.

**Noir**

## Scène 11

## (Yvan, Boby)

*Dans les poubelles*

BOBY : Tu crois qu'il va revenir ?
YVAN. Qui?
BOBY : Hombre.
YVAN : Tu penses encore à lui ? Pour moi, je l'avais oublié. Pourquoi veux-tu qu'il revienne ?
BOBY : Où peut-il être maintenant ?
YVAN : Est-il encore quelque part ? Existe-t-il des lieux où il puisse être ? Existe-t-il d'autres lieux ?
BOBY : Je pense qu'il doit errer par-là *(Il fait un geste vague vers le fond de la scène).*
YVAN: Es-tu capable d'une pensée ? Quand à moi, ma tête est vide.
BOBY : J'aurais du partir avec lui.
YVAN : Pourquoi ?
BOBY : Bah ! Pour le protéger ... Enfin ... Pour être

avec lui.

YVAN : Et disparaître avec lui?

BOBY : Peut-être que c'est toi qui aurait disparu.

YVAN: Ne dis donc pas des choses qui te dépassent.

BOBY : Et puis, tu nous aurais accompagné et, à trois…

YVAN: Ma folie me suffit. Je n'ai pas besoin de celle des autres.

BOBY: Tu crois qu'il va revenir ?

YVAN : Il est parti.

## Noir

# ACTE III

## Scène 1

## (Lus, Hombre, Monsieur, Madame, Elvire, Lili, Zézette)

*Chez les parents*

<u>MADAME :</u> Monsieur Hombre, *(elle rit)* quel nom surprenant. Comment peut-on s'appeler Mr Hombre.

Cela ne vous fait-il pas un drôle d'effet ?

LUZ : Maman...

MONSIEUR: Citrouille à pattes et patates à couettes, Mamie, ne glosez pas... Mesdemoiselles, lorsque les gens ont des noms ridicules, il ne faut pas en rire. Lili, votre nez. Tout le monde n'a pas la chance d'avoir un nom emprunt d'un élégant passé. Les Col et les Pot, nos ancêtres, qui fournirent des chemises et des rafraîchissements à nombre de grands hommes nous ont légué, outre leur fortune, ce patronyme triomphant de Dupot-Decol. Corne de poisson rouge! Hélas, tout le monde ne peut pas s'enorgueillir d'une telle chance. Jus de grenouille. Au fait, Mr Hombre, vous vous appelez Hombre, qu'à cela ne tienne, mais Hombre comment ? Zézette, redressez vous.

HOMBRE: Oh ! Monsieur, sans vouloir vous fâcher, je m'appelle Hombre : Hombre tout court.

MONSIEUR: Ah ! Mais voilà qui change tout, Monsieur Toucour. Mesdemoiselles, ne ricanez pas bêtement. Mamie, avez-vous connu des "Toucour" dans vos relations.

MADAME : Toucour ... Toucour, ce nom ne m'est pas tout à fait étranger, mais je dois avouer, à mon grand regret, que je suis bien incapable d'en décliner l'origine. Lili vos doigts. Mais, peu importe, Mr Toucour ou Mr Hombre, si vous le permettez, *(elle minaude et se détourne pour rire)* nous ferez-vous l'honneur de vous joindre à notre collation.

HOMBRE : Oh! Madame, je ne voudrais pas m'imposer d'une façon aussi inopinée.

LUZ : Accepte, je t'en prie.

ELVIRE : Accepte donc : Grand niais.

MADAME : Elvire, ne nous interrompez pas insolemment.

MONSIEUR: Monsieur Toucour, je me joins à Madame mon épouse pour insister. Jus de grenouille.

HOMBRE : Oserai-je vous l'avouer ? Je suis ravi de votre invitation. Toutefois, je crains que l'émotion ne me rende muet et que, de cette façon, je sois bien incapable de répondre pertinemment à votre conversation.

MONSIEUR : Soyez sans crainte. Zézette, redressez-vous.

MADAME : Nous ne ferons pas de manières. Lili votre nez. D'ailleurs, mon mari doit être attentif à ses globules.

HOMBRE : J'y prendrai garde, Madame.

MONSIEUR: Cela sera sans protocole, Citrouille à pattes.

MADAME : Nous agirons comme d'habitude.

MONSIEUR: Nous ferons les demandes.

MADAME : Et les réponses.

ELVIRE: Mr Hombre souhaitera sûrement s'entretenir avec Mademoiselle Luz.

MADAME : Elvire, ne vous mêlez pas à la conversation. Mais j'y pense. Peut-être souhaiterez-vous vous entretenir avec Mademoiselle Luz ? Zézette, votre dos.

LUZ : Oh! Oui.

HOMBRE : Bien sûr, Madame.

MONSIEUR: Jus de grenouille, pastèque à plume et quadrupède tripode, voila une affaire qui me plaît. Jus de grenouille.

MADAME : Victor, vos globules.

## Noir

## Scène 2

## (Yvan, Boby)

*Dans les poubelles*

<u>YVAN:</u> Boby! Eh Boby !
<u>BOBY :</u> Qu'est-ce qu'il y a ?
<u>YVAN:</u> Peut-on savoir ce que tu fais là, debout au milieu de la rue, à regarder tes souliers?
<u>BOBY :</u> Tu le vois bien : Rien.
<u>YVAN:</u> Tu me sembles hors de toi-même. Tu lèverais un pied, on dirait un héron.
<u>BOBY :</u> Laisse moi.
<u>YVAN:</u> Te laisser, te laisser, tu en parles à ton aise. Que tu agisses de façon inaccoutumée, grand bien te fasse. Tu es grand, tu es libre, bon. Mais moi, tu le sais, mon occupation favorite consiste à te réveiller

pour t'agacer. Comment veux-tu que je le fasse si tu restes là, planté comme un échalas. Je n'aime pas te voir ainsi. Cela me déstabilise.

BOBY : Tu y penses, toi ?

YVAN : A quoi ?

BOBY : A celui qui est parti.

YVAN : Parce que quelqu'un est parti ? Tu es là et moi je suis ici.

BOBY : Arrête tes facéties.

YVAN: A moins que je ne m'illusionne. Suis-je vraiment ici? Ah! Ça! Sais-tu que tu m'inquiètes ? Vérifions : Ceci est mon pied. C'est donc un morceau de moi. Voila un autre morceau de moi, puis un autre, puis un autre, et encore un. Suis-je au complet ? Il me semble. Si tous les morceaux de moi sont en cohésion, ce qui parait, oserai-je en tirer la conclusion hasardeuse que je suis réellement ici ? Mais toi ? Bien sûr, suis-je bête tout de même ? Serais-tu absent ? Ne verrais-je que ton fantôme. Ô, esprit de Boby, dis-moi où est passée ton enveloppe charnelle ?

BOBY : Si tu ne cesses pas tes pitreries, je crois que je vais te battre.

YVAN : Ô douces paroles, projet rassurant. Je reconnais là ton style. C'est donc bien toi qui t'agites la devant moi.

BOBY : Et bien moi, je pense à lui. Et cela me

brouille.

YVAN : Mais Monsieur en a parfaitement le droit. Si Monsieur, a des relations, Monsieur a le droit de s'en inquiéter. Je me demande seulement comment tu as bien pu lier des connaissances. Notre quartier est tellement passager.

BOBY : Tu ne veux pas reconnaître que tu te souviens.

YVAN: Non.

BOBY : Même si je cogne ?

YVAN: Dans ce cas, je suis prêt à avouer n'importe quoi. Et même, de préférence, prêt à avouer juste avant... que tu ne cognes. Il s'appelle comment, au juste, celui que tu veux que je me rappelle?

BOBY : Je ne sais plus.

YVAN: Ah ! Tu vois. Mais c'est d'accord. J'ai parfaitement en mémoire celui que tu as oublié.

**Noir**

## Scène 3

(Luz - Hombre)

*A l'entrée de la passerelle Jardin.*

<u>LUZ:</u> Dès que nous avons franchi la haie, j'ai compris que le monde était encore plus grand que je ne l'imaginais.
<u>HOMBRE :</u> Grand, oui. Mais aussi surprenant. De tous les endroits dont j'ai gardé des souvenirs, je ne revois que des individus emplis de préoccupations, qui, à moi, me semblent soit bien futiles, soit incompréhensibles et qui ne me paraissent pas être inquiétés par les souhaits que je bâtis. Et toi,

comment trouves-tu les gens.

LUZ : J'en connais bien peu. Il y a ma famille que tu as rencontrée. Ce ne sont pas, je crois, de méchantes personnes ; mais, peut-on laisser vagabonder son imagination avec la famille ? On, risquerait trop de la décevoir. En dehors de cela, pour moi, il y a eu l'institution. Une forteresse bâtie dans une île où chacun avait sa place et sa voie tracée ; ou tout était si déterminé, si incontestable qu'il aurait été indécent et même pas imaginable d'émettre une phrase qui ne soit pas dans la règle. D'autres, peut-être, y avaient aussi des songes ; mais il était convenu de ne jamais en parler à quiconque. Peu à peu, les souhaits, les rêves, les intentions -se dissolvaient dans une tiédeur lénifiante, de plus en plus vague et sans mots. Les jours passaient comme la pluie tombe. Et puis, il y a Elvire. C'est mon amie. Mais, nous devons nous cacher à cause des parents. Dans ton école, il y avait beaucoup de monde, m'as-tu dis? Raconte-moi.

HOMBRE : Du monde, oui bien sûr. Mais quelle agitation. Chacun n'y entend que ce qu'il dit. Le langage de chacun trompe sur la vraie pensée de chacun. Il faut craindre ceux qui semblent bienveillants. Il faut parfois attendre de ceux qui paraissent féroces. Il faut être attentif à ceux qui se cachent derrière une tranquille absence. Il faut se méfier de tous et de tous les mots. Il faut être un brin d'herbe quand la steppe est secouée par la tempête, un coquillage au milieu des cailloux roulés par les vagues.

LUZ: N'y as-tu pas trouvé d'ami ?

HOMBRE : Je ne crois pas. Des connaissances, oui. Mais des amis... Cela a été passager et la relation s'est progressivement dilacérée au fil des événements. Je ne me souviens plus. A part cela, le vide et la quête permanente d'une existence.

> *(Ils avancent sur la passerelle qui bascule. Ils s'arrêtent à la jonction des passerelles).*

LUZ : Et avant ?

HOMBRE : Avant quoi ?

LUZ : Avant l'école.

HOMBRE : Avant l'école, rien ou plutôt, il y a toujours eu l'école. Dans ses murs ou à l'extérieur, il y a toujours eu l'école. Il y a eu des ruelles et des voûtes où le sol poissait de crasse grasse et noirâtre qui collait aux pieds et aux coeurs. Des passages bordés de bâtisses si hautes et si ternes qu'on ne savait même pas qu'au-dessus il y avait des oiseaux. C'était les strates profondes de l'ennui misérable et du dégoût amnésique. Rien n'y vivait. Des larves attachantes y glissaient désespérément comme des restes de festin inachevé. L'air y était visqueux et nauséabonds. Pourtant, c'était déjà l'école. C'était déjà l'amère déception de l'inassouvi. C'était déjà de folles espérances qui, en gerbes d'imagination, allaient se briser sur les vitres du silence. C'était déjà l'école mais le mépris hautain n'est arrivé qu'après. Viens.

> *(Ils s'engagent sur la passerelle cour. Passé la moitié...)*

HOMBRE : Attends : je crois que je me suis trompé de chemin.

> *(Il lui prend la main Ils font demi tour. La passerelle bascule).*

LUZ : Où me conduis-tu ?

HOMBRE : Je suis un peu perdu. Je pense qu'il fallait monter par là. Oui, c'est ça. Ecoute, on entend déjà les cris.

## Noir

## Scène 4

## (Verbia, Hélicia, Coucou, Scato, Chinchin, Onsépa, Popu, Micro)

*(Chez les «intellectuels»)*

VERBIA : Je suis débordée.
SCATO : Et merde !
HELICIA : Je manque de personnel ! Comment voulez-vous que je fasse pour...
MICRO : Quel dommage que la canule du S.R.T. ne passe pas encore dans les murs et que le burg ne soit pas relié à la SLAV du TREPPIN analytique...
CHINCHIN : Et pourquoi cha
MICRO : Mais parce qu'alors, on pourrait sans dysfonction...
ONSEPA : En êtes vous sûr, cher collègue ?

POPU : Evidemment ! Pour substituer des machines déshumanisées à la solde de puissances occultes aux masses populaires spoliées de leur...
COUCOU : Tous des crétins...

## Scène 5

## (Les mêmes plus Hombre et Luz)

> *(Hombre et Luz débouchent de la passerelle).*

SCATO: Mais, qu'est-ce que vous foutez là, vous ?
COUCOU : Ne vous avait-on pas, hum prié, de déguerpir?
VERBIA: Qui c'est ceux-là ? Vraiment je suis débordée.
CHINCHIN : Ch' est un gentil garchon.
VERBIA : Des élèves ! Des élèves ! Mais bien sûr Il faut des élèves.
LUZ: Mais, Madame, je ne suis pas...

VERBIA : Je vous comprends parfaitement : ne soyez pas émue. Vous verrez : cela se passera très bien.

HELICIA : Verbia, dépêche-toi.

VERBIA: Je suis débordée.

LUZ : J'accompagne seulement

VERBIA : Cela n'a aucune importance. Quel dommage que je n'ai pas su cela plus tôt. J'aurais ouvert un dossier. Aussi, pourquoi suis-je toujours la dernière informée.

HOMBRE : Nous étions venu pour...

POPU : Soyez fier, mon vieux... Etre un représentant, cela rend digne.

HOMBRE : Mais, nous n'avons pas demandé de...

POPU : Soyez le porte-drapeau de vos camarades et ne fléchissez pas sous les arguments spécieux de l'ennemi.

HOMBRE : Je n'ai pas d'ennemis

POPU : Erreur, vous êtes l'ennemi naturel de ceux qui vous sont opposés.

LUZ : Mais, nous ne voulons pas être opposés.

HELICIA : Dépêche-toi, Verbia, dépêche-toi.

# Noir

## Scène 6

## Monsieur, Madame)

*(Chez les parents).*

MADAME : Toucour... Toucour... C'est curieux, plus j'y pense et moins j'y vois. Pourtant, au premier abord, j'avais eu une impression favorable.
MONSIEUR: Peut-être, fûtes-vous surprise et vous laissâtes vous aller à l'émotion de la situation.
MADAME : J'espère ne pas avoir commis d`erreur irréparable.
MONSIEUR : Pauvre petite Luz. Nous allons prendre nos renseignements.
MADAME : Où sont-ils, à présent.
MONSIEUR : Monsieur Toucour a parlé d'une école. C'est déjà ça.
MADAME : Peuh! De nos jours, même les domestiques vont à l'école.

MONSIEUR : Jus de grenouille ! Comment s'y retrouver ?

MADAME : Cela entraîne des bévues.

MONSIEUR : Et permet à n'importe qui de s'introduire n'importe où.

MADAME: Quel désordre.

MONSIEUR : Quelle anarchie.

MADAME : Au moins, sommes-nous informés.

MONSIEUR : Et il sera toujours temps de réagir et de décider sainement. Jus de grenouille.

MADAME : Cher Victor, je suis pleinement d'accord avec vous mais je vous en prie songez à vos globules.

# Noir

## Scène 7

## (Journalistes)

*(Bruits de sirènes, mitraillage de flash. Une bande de journalistes investit la passerelle et le côté cour ou étaient restés dans l'ombre les personnes de la scène 5.)*

**<u>Chœur de journalistes et danse gnomesque.</u>**

*Introduction*

C'est nous les jours,
C'est nous les na,

Les journali-is-tes,
Les journa-na
Les journa na
Les journali-is-tes.

### *Refrain et danse gnomesque*

Journa journa
Journa - na
Journa journa
Journa – na

Les pieds dans le plat.
Le crayon aux doigts
journa journa
Journa - na
L'appareil photo
Le vrai et le faux
Journaux journaux
Journo no
Ah! Ah! Ah! Ah! Ah! Ah!
Oh!

*(Mitraillage de flashes sur les cris)*

### ***1er couplet :***

| | |
|---|---|
| **Journalistes 1. 2 et 3 :** | Nous couvrons les é |
| | Les événements |
| **Journaliste 1 :** | Quand ils ont eu lieu |
| | Nous sommes contents |
| **Journaliste 2 :** | Accident ou feu |
| | Rapt, enlèvement |
| **Journaliste 3 :** | Catastrophe ici |
| | Tous les deuils aussi |
| **Journalistes 1 et 2 :** | Quand ils ont eu lieu |
| | Nous sommes contents |
| **Journalistes 1. 2 et 3** | Nous couvrons les é |
| | Les événements. |

*<u>(Refrain - danse –flashes)</u>*

## *<u>2ème complet:</u>*

| | |
|---|---|
| **Journaliste 1:** | Quand il n'y a rien |
| **Journaliste 2:** | On est embêté |
| **Journalistes 1 et 2 :** | Il faut inventer |
| **Journalistes 1. 2 et 3 :** | Ecraser les chiens |
| **Journaliste 3 :** | Nous faisons pleurer |
| | Nous faisons grogner |
| **Journaliste 1 :** | L'opinion c'est nous |
| **Journalistes 1.2 et 3 :** | Le reste on s'en fout. |
| **Journaliste 2 :** | Il faut inventer |
| **Journalistes 2 et 3 :** | Ecraser les chiens |

**Journalistes 1. 2 et 3:**          On est embêté
Quand il n'y a rien.

*(Refrain - danse - flashes)*

### *3éme couplet:*

| | |
|---|---|
| **Journaliste 3 :** | Il est des sujets |
| | Qui sont interdits |
| **Journaliste 2 :** | Si l'on en dit trop |
| **Journalistes 2 et 3 :** | On perd son boulot |
| **Journaliste 1:** | Pas d'éclaboussures |
| **Journaliste 2 :** | Sous les apparences |
| **Journaliste 3 :** | C'est la même danse |
| **Journalistes 2 et 3 :** | La bonne pointure |
| **Journaliste 3 :** | Il est des sujets |
| | Qui sont interdits |
| **Journalistes 1.2 et 3 :** | Si l'on en dit trop |
| | On perd son boulot |

*(Refrain - danse -flashes)*

# Scène 8

# (Verbia, Hélicia, Coucou, Micro, Onsépa, Hombre, Luz, Scato, Chinchin,

## Popu) (Journalistes)

> *Hombre et Luz dans le coin avant cour. Sur une petite balustrade sont accoudés Scato, Chinchin et Popu. Les, journalistes, flashent de temps à autres.*

<u>HELICIA :</u> Verbia ! Les journalistes
<u>VERBIA :</u> Les journalistes. Vite ! Vite! Il faut que je leur montre nos installations afin qu'ils fassent des photographies.
<u>MICRO:</u> Voulez-vous que je m`en occupe ?
<u>VERBIA :</u> Non. Il faut que ce soit moi... Pour les photographies.
<u>HELICIA:</u> Je t'accompagne.

## Scène 9

## (Les mêmes plus les policiers)

> *(Casques, masques à gaz, fusils d'assaut, talkie-walkie).*

> *Policiers en gabardine, policiers en civil. Coups de sifflets, gyrophares. Les policiers Prennent positions en courant (y compris dans les poubelles).*

1<sup>er</sup> officier : *(Au 2<sup>ème</sup>)* Ç'a y est, tous mes hommes sont en place.

2<sup>ème</sup> officier : *(Au 3<sup>ème</sup>)* Tous mes hommes sont en place.

3<sup>ème</sup> officier : *(A un policier en civil)* Tous mes hommes sont en place.

Policier en civil : *(Au 3<sup>ème</sup>)* Vous avez fait le nécessaire ?

2<sup>ème</sup> officier : C'est nous qui surveillons. Nous avons la situation bien en main,

Le civil : Nous repérons les individus fichés ; et les non fichés nous les fichons... Vous savez, avec les intellectuels...

2<sup>ème</sup> officier : Le quartier est vide. Il n'y a plus que des policiers.

Le civil : Justement. Nous surveillons les infiltrations dans la police. On ne sait jamais. Nous surveillons les surveillants. J'ai mis un homme derrière chaque policier. Surtout les policiers intellectuels.

CHINCHIN : Et ches jhommes à lui: Qui ch'est qui les churveille?

SCATO : Quelle merde ! Mais quelle merde !

CHINCHIN : J'ai envie de montrer un endroit, n'importe où et de crier: «Il y en a un qui che cache là-bas! Je l'ai vu courir!»

SCATO : Là, on pourrait rigoler.

POPU : Arrêtez les gars. On va se retrouver au gnouf. CHINCHIN : Tu ne trouves pas cha amujant ?

POPU : C'est pas le moment de se faire remarquer.

SCATO : Tu vois, Popu, tu n'es pas encore assez con pour nous

$2^{ème}$ officier : *(Au $3^{ème}$ officier)* La voiture vient de passer le sixième barrage. Elle sera là dans une minute trente.

$3^{ème}$ officier : Prévenez vos hommes,

$2^{ème}$ officier : *(Au premier)* : Prévenez vos hommes.

$1^{er}$ officier : *(A un policier)* : Prévenez vos hommes.

*(Coups de sifflets, redoublement de gyrophares, délires de flashes).*


## Scène 10

## (Les mêmes plus Le Bigue et son secrétaire)

*Le Bigue et son secrétaire entrent par la passerelle cour. Quatre hommes, en tenue de combat, les encadrent et pointent rapidement leurs armes dans toutes les directions Verbia et Hélicia exécutent une espèce de danse d'échassier amoureux.*

VERBIA : Il est là.
HELICIA : Il est là.
VERBIA : On le voit.
HELICIA : Il est là.
VERBIA : C'est bien lu.
HELICIA : C'est tout lui
VERBIA : J'en pâlis.
HELICIA : J'en rougi,
VERBIA : Il est là.
HELICIA : C'est bien lui.
VERBIA : On le voit.
HELICIA : Il est là.
Le BIGUE : Pourrait-on arrêter ces éclairs photographiques ?
LE SECRETAIRE : *(Au 3$^{ème}$ officier)* Plus de photos.
3$^{ème}$ officier: *(Au 2$^{ème}$ officier)* Plus de photos.

2ᵉᵐᵉ officier : *(Au 1ᵉʳ officier)* Plus de photos.

1ᵉʳ officier : Plus de photos, j'ai dit!

> *(Un policier tire une rafale en 1'air. Plus de flashes. Les journalistes bougonnent).*

Les journalistes : *(Indistinctement et en désordre).* Oh ! Bah non… Notre travail… La liberté de la presse, le lecteur, l'éthique, etc. … *(nouvelle rafale… Silence)*

VERBIA : Monsieur le Ministre, nous sommes honorés de votre visite.

HELICIA : Z'honorés de votre visite.

VERBIA : Votre venue marquera un tournant dans notre maison.

HELICIA : Nant dans notre maison.

VFRBIA : Et nous espérons vous intéresser à nos activités.

HELICIA : Z'intéresser, z'activités.

VERBIA : Voici, Monsieur Coucou qui va vous présenter notre travail.

CHINCHIN : Et chi on lanchait des petits pétards à mèche.

SCATO : Histoire de mettre une ambiance genre « fête nationale »

POPU : Vous n'êtes vraiment pas possibles, vous deux. Faites attention quoi!

SCATO : Et quoi, Popu, depuis le temps que tu nous

bassines avec ta révolution, c'est le moment. Qu'est-ce que tu attends.

POPU: Si vous continuez à vous faire remarquer, moi, je ne reste pas avec vous.

COUCOU : Hum, Monsieur le, hum, Ministre : Puisque la faveur, hum, unique, hum, m'a été confiée et, hum parler au nom de mes collègues, je vous, hum, confierai que je suis, hum, ravi de l'occasion inespérée de, hum, hum, dire sans autosatisfaction tout le bien que je, hum, constate dans cet établissement. Notre tâche est, hum, certes, lourde mais nous sommes, hum, chaque jour; hum, récompensés par l'ardeur à, hum, la tâche de hum, ces chers petits. Nous demeurons, hum, très conscients de la, hum, grandeur de notre hum, mission mais, hum, aussi émus par la, hum, qualité et la valeur de nos, hum, élèves. Aussi, c'est avec, hum, tendresse, que nous sommes unanimement, hum, fiers de penser que nous aurons, hum, contribué aux, hum, humanités de ces, hum, hum, jeunes gens qui, hum, nous, hum, n'en, hum, doutons hum, pas, sont , hum, hum promis aux, hum, plus, hum, hautes, hum, hum fonctions, hum, hum ... hum.

LE BIGUE : Intéressant, intéressant.

COUCOU: C'est pourquoi, sans plus de développements oratoires je, hum, laisse la parole à l'un, hum d'entre eux, des plus brillants, hum avouons-le qui va vous, hum, présenter les, hum, respects de ses, hum, camarades. *(On pousse Hombre et Luz qui se tiennent toujours la main).*

COUCOU: Cher jeune disciple et hum, néanmoins ami, hum...

HOMBRE : *(Bégayant)* : Messieurs, Mesdames, je vous en prie... pourquoi me... Je ne... Pourtant vous... Mes qualités ne me... Vous disiez...

LE SECRETAIRE : Allez, mon vieux, dépêchez-vous.

HOMBRE : Monsieur Le Ministre ...

LE SECRETAIRE : Oui, Après.

HOMBRE : Monsieur le Ministre, nous n'avons rien â vous dire.

LE SECRETAIRE : Comment cela ?

LUZ : D'abord, nous ne vous connaissons pas vraiment.

HOMBRE : Aussi, comment avoir d'emblée une relation fructueuse

LUZ: Tout le monde semble attendre de nous des paroles bien précises que nous ne pensons pas.

HOMBRE : Un rite établi ou une cérémonie dont le cérémonial nous échappe.

LE BIGUE : Intéressant, intéressant.

LUZ : Faut-il être sincères ou ne l'être pas ?

LE SECRETAIRE : Faites comme vous voulez, mais dépêchez-vous.

HOMBRE : Si chacun devine d'avance ce que nous devons dire, peut-on croire que vous ne le sachiez pas aussi ?

LUZ: Cela reviendrait à supposer de votre part une méconnaissance du sujet. Aussi, nous nous gardons d'une telle supposition trop irrespectueuse envers votre fonction. Nous devons donc considérer que notre discours ne vous sera pas nouveau.

HOMBRE : Aussi, comme nous savons à quel point votre temps est précieux à la société, c'est également par le plus grand respect, pour votre personne et votre rang, que nous refusons de réitérer ce qui ne serait pour vous, que banalités stériles, cent fois entendues.

LE BIGUE : Intéressant, intéressant.

HOMBRE : Toutefois, bien que ne vous ayant informé de rien qui semble digne d'intérêt, nous aimerions vous poser une question.

LE BIGUE : Intéressant, intéressant.

LUZ : Cette foule revêche et criarde vous accompagne-t-elle dans tous vos déplacements ? Nous espérons qu'elle ne vous...

LE BIGUE : C'est bien en raison de la conjoncture internationale et de la situation lamentable dans laquelle nos prédécesseurs nous ont laissé les affaires de l'état qui...

LE SECRETAIRE : Monsieur Le Ministre donnera ultérieurement une déclaration en tenant compte de ses diverses observations.

LE BIGUE : Intéressait, intéressant.

HOMBRE : Puisque vous vous rendez sur place, c'est que vous voulez vous faire une opinion personnelle sur certaines situations. Aussi, la multitude lourde et rigide qui vous entoure n'est elle pas un écran entre vous et l'objet de votre attention ? Ce qui est avec votre désir initial, contradictoire.

LE BIGUE : C'est bien en raison de la conjoncture international et de la situation lamentable...

LE SECRETAIRE : Monsieur Le Ministre fera ultérieurement une dé…

LE BIGUE : Intéressant, intéressant.

LUZ : Faut-il toujours que vous vous déplaciez en tant de lieux en un seul jour ?

HOMBRE : Une telle hâte dans le nombre de visites quotidiennes s'expliquerait si vous aviez des intentions de représentation électorale. Mais cette idée ne peut-être retenue parce qu'incompatible avec votre fonction. Aussi, il faut conclure que seules les servitudes techniques de vos déplacements sont en cause.

LUZ : Nous sommes bien peinés de voir à quel point le nombre d'affaires vous incombant, laissent peu de temps aux rencontres que, pourtant vous souhaitez. Comment pouvez-vous supporter que vos collaborateurs ne vous laissent pas le loisir de traiter plus posément chaque situation ?

LE BIGUE : C'est bien en raison de la conjoncture inter...

LE SECRETAIRE : Ultérieurement.

LE BIGUE : Intéressant, intéressant.

LE SECRETAIRE : Ultérieurement.

VERBIA : Monsieur Le Ministre, il faut les excuser, ils sont si jeunes et si émus.

LE BIGUE : Intéressant, intéressant.

VERBIA : Monsieur Le Ministre, avant que nous ne passions dans la salle de calme assisté, où des rafraîchissements vous attendent, laissez-moi vous présenter le projet GRATO : Gélation Raisonnée Appliquée à Toute Organisation. G. R. A. T. O. *(Elle exécute un rite bizarre du genre bras horizontaux, elle fait une volte à droite, puis à gauche. Trois petits sauts pieds, joints, deux génuflexions rapides puis, baissant la tête, elle tend en avançant un dossier).*

LE BIGUE : Intéressant, intéressant. *(Il prend le dossier, le donne au secrétaire qui le place dans un énorme cartable. Hélas, le cartable n'a pas de fond et le dossier tombe à terre. Personne ne s'en inquiète).*

HELICIA : Monsieur le Ministre, nous aimerions vous remettre également ce dossier «adaptation de mise au point» *(Elle réalise également une danse grotesque, différente de celle de Verbia).*

VERBIA : Voici également notre projet de soutien. *(Danse de Verbia.).*
LE BIGUE : Intéressant, intéressant. *(Même jeu du cartable)*
HELICIA : De même, notre dossier de mise au point d'adaptation. *(Danse d'Hélicia).*
LE BIGUE : Intéressant, intéressant.
VERBIA : Notre soutien de projet *(Danse rapide de Verbia)* LE BIGLE: Intéressant, intéressant.

> *(Jeu du cartable). A partir de là toute la fin de la scène peut se faire en accélérant progressivement.*

HELICLA : La mise au point d'adaptation de mise au point.

> *(Danse raccourcie d'Hélicia) Pendant qu'elle danse.*

VERBIA : Le projet de soutien de projet

> *(Danse de Verbia Hélicia remet le dossier) (Jeu de cartable). Verbia remet le dossier.*

LE BIGUE : Intéressant, intéressant.

> *(Jeu du cartable. Hélicia et Verbia s'agitent frénétiquement dans leurs danses respectives et remettent alternativement*

> *des dossiers à Le Bigue qui les donne au Secrétaire imperturbable pour le jeu de la sacoche)*

<u>HELICIA</u> : L'adaptation de mise au point d'adaptation.

<u>LE BIGUE</u> : Intéressant, intéressant.

<u>VERBIA</u> : Le projet de projet de soutien.

<u>LE BIGUE</u> : Intéressant, intéressant.

<u>HELICIA</u> : Et l'adaptation d'adaptation de mise au point.

<u>LE BIGUE</u> : Intéressant, intéressant.

<u>CHINCHIN</u> : Qu'est-che que je regrette de manquer de boules puantes.

<u>SCATO</u> : Puissantes effluves du merdier.

> *(La lumière tombe. Tout le monde se retire vers le fond sauf Le Bigue et son secrétaire qui viennent s'asseoir sur l'avant du praticable jambes dans le vide. Un halo les éclaire)*

## Scène 11

### (Le Bigue - Le Secrétaire)

LE BIGUE : Je n'ai pas pu prononcer mon discours : "C'est bien en raison de la conjoncture internationale et de la situation lamentable ...
LE SECRETAIRE : Laisse tomber. *(Il sort de son cartable un litre de rouge, fromage, couteau, pain, saucisson et des serviettes. Ils mettent les serviettes autour de leur cou).*
LE BIGUE : C'est dommage. Celui-là, tu l'avais particulièrement réussi. Qu'est-ce qu'on mange ? *(Il boit un coup)*
LE SECRETAIRE : Cela ne fait rien. Il resservira une autre fois. Fromage ou saucisson ?
LE BIGUE: Il sera tout neuf, mais il faudra que je le révise... Tu peux me faire un mélange des deux ?
LE SECRETAIRE : Et ton cholestérol ?

LE BIGUE : J'ai mes cachets. Qu'est-ce qu'on fait après ? *(Il boit un coup)*.

LE SFCRETAIRE : *(Sortant un infâme calepin),* Un Centre de tri, une maternelle, un émetteur de télé et une prison. *(Il boit un coup)*

LE BIGUE : Ne finissons pas par la prison.

LE SECRETAIRE : Tu as raison. Je biffe. Après l'émetteur, on rentre à la maison. *(Il boit un coup)*

LE BIGUE : *(Il boit un coup).* Quel métier!

## Noir

*(Un halo s'allume sur la partie jardin des poubelles)*

## Scène 12

## (Yvan, Boby)

*(Assis à l'avant du praticable côté jardin, jambes dans le vide)*

BOBY : Qu'est-ce qu`on mange ?
YVAN : Fromage ou saucisson?

BOBY : Tu peux me faire un mélange des deux ?
YVAN : Et ton cholestérol?

> *(Boby s'allonge. Bruit de chasse d'eau. Des immondices arrivent dans les poubelles).*

YVAN: Eh! Eh ! Boby Il y a de l'arrivage. Tu ne viens pas voir ?

BOBY : Laisse-moi dormir.

YVAN : De la saleté propre ! Des déchets encore en validité ! Des ordures pas encore atteintes par la date de péremption ! Des immondices fraîches.

BOBY : Laisse-moi dormir : je te dis.

YVAN : Dormir, dormir. Profite donc de l'existence... Dormir: Tu ne fais que ça. Dormir, manger, dormir, manger.

BOBY : Quand je ne dors pas, je pense.

YVAN : Tu quoi

BOBY: Je pense que j'ai oublié quelque chose mais je ne sais pas quoi. Alors, j'y pense et cela m'ennuie. Je ne sais pas comment retrouver ce dont je ne me souviens plus. J'ai l'impression que je devrais me rappeler ce que j'ai oublié, mais, j'ai beau chercher et rechercher, je pense que je n'y penserai tellement plus, que j'en deviens morose. Alors, pour oublier ce que j'ai oublié, je dors.

# Noir

# ACTE IV

## Scène 1

### (Monsieur, Madame. Elvire)

*Chez les parents*

MONSIEUR : Toucour, Toucour, jus de grenouille, personne ne connaît de Toucour. C'est tout de même, inquiétant.
ELVIRE : Il a pourtant l'air bien élevé.
MADAME : Elvire, on ne prend pas part à la conversation.
MONSIEUR: J'espère ne pas m'être fourvoyé. Que dirait-on de nous.
ELVIRE : Peut-être est-ce un étranger ?
MADAME : Peut-être ... Elvire, taisez-vous.
MONSIEUR : J'espère que non ! En tous cas, citrouille à pattes, il n'a heureusement pas d'accent qui pourrait le desservir.
MADAME : Il faut se méfier des apparences.

MONSIEUR : Il a pourtant présenté notre petite Luz à un ministre.
MADAME : Et ils ont devisé tranquillement un bon moment. Ca, c'est un critère. Tout le monde ne parle pas ainsi à un Ministre.
MONSIEUR: Encore que : un ministre; ça vient, ça va. Ce n'est pas une situation assise comme les chemises ou la limonade.
MADAME : Quand on pense que de nos jours, il suffit d'une élection pour que le ministère change ?
MONSIEUR : On ne peut plus compter sur rien.
MADAME : Quand il reviendra, il faudra que vous éclaircissiez tout cela. C'est une affaire sérieuse à traiter comme telle.
ELVIRE : Sérieusement, sérieusement.
MONSIEUR: Elvire, sortez.
ELVIRE : J'abondais dans votre sens.
MONSIEUR: Sortez immédiatement ; et souvenez-vous que la distance qui nous sépare interdit jusqu'à l'idée de ce genre de rapprochements. Sortez! Citrouille à pattes!
MADAME: Et nous pourrons le présenter à nos amis qui, je l'espère, en concevront une envie respectueuse.

# Noir

## Scène 2

## (Yvan, Boby) (CF acte 1- Scène 1)

*Dans les poubelles.*

YVAN : *(Se levant de derrière un carton)* Hé ! Hé!
Boby Il y a de l'arrivage. Tu ne viens pas voir ?
BOBY : *(Sous un ras de chiffons sales).* Laisse-moi dormir.
YVAN: De la saleté propre ! Des déchets encore en validité Des ordures pas encore atteintes par la date de péremption, des immondices fraîches!
BOBY : Je n'ai pas faim ; j'ai sommeil : Tais-toi.
YVAN : Des nouveautés, de l'inattendu., de la couleur, de la poésie.
BOBY : *(Se dressant à demi)* Ecoute : fais ce que tu veux. Crochète ce qui te plaît, mais fiche-moi la paix. Tu vois, je suis calme, d'humeur paisible et je te le dis en camarade : si tu continues ton habituel charivari et tes commentaires intarissables, je vais me lever. Alors gare à ta carcasse : elle sera frictionnée ... *(Il se retourne pour dormir).*
YVAN : J'en ai assez à la fin. Je crois que je vais dénoncer notre association. Tu manques de la

reconnaissance la plus élémentaire. Tu chercheras ta nourriture et tes hardes tout seul. *(Se redressant plus haut)* Adieu agapes et fastes luxuriantes, adieu...

BOBY : Allons, fouine pernicieuse, ne recommence pas où je te... C'est pourtant simple. Dès que les poubelles se remplissent, tu fouilles. Si quelque chose de satisfaisant se présente, tu me l'apportes. C'est tout. Et moi, pendant que tu cherches, il faut que je me repose.

YVAN : Faisons la paix. Et, si tu le veux pour sceller une nouvelle fois, le pacte, retournons à notre couche crasseuse, pucière, nauséabonde et charognarde. Et moi Yvan le Chacal, je jure la plus obséquieuse la plus veule et la plus flagorneuse soumission.

## Noir

## Scène 3

### (Hombre - Luz)

*Sûr le praticable jardin à l'entrée de la passerelle. Il fait encore nuit.*

LUZ : Je n'ai jamais vu Papa dans un tel état. Il était tout rouge et semblait être circonspect et inquiet.
HOMBRE : Je n'ai pas très bien compris. Il m'a posé quelques questions auxquelles j'ai répondu.
LUZ : Maman aussi semblait très émue.
HOMBRE : Pourtant, je ne lui ai pas parlé.
LUZ : Que voulait-il savoir ?
HOMBRE : Il m'a demandé si j'étais né.
LUZ: Drôle de question.
HOMBRE : J'ai répondu que oui.
LUZ : Bien sûr.
HOMBRE : Il m'a dit: "Mais encore". J'ai aussi répandu «oui».
LUZ : Naturellement. Quelle idée?
HOMBRE : Mais cela l'a agacé. Alors, il m'a

demandé si j'avais des ancêtres. J'ai dit que je pensais être comme tout le monde.

LUZ : Bien sûr Comment pourrait-on faire autrement? Et après ?

HOMBRE : Et après : c'est tout.

LUZ : C'est cela qui l'a tant agité?

HOMBRE : Oui.

LUZ : Les parents ont parfois de surprenantes préoccupations. Qu'allons-nous faire maintenant

HOMBRE : Je ne sais pas.

LUZ : D'un côté comme de l'autre, une épaisse brume masque la lumière.

HOMBRE : II faut encore chercher,

> *(Il s'engage sur la passerelle jusqu'au milieu. Luz s'engage à son tour.)*

HOMBRE : Où vas-tu?

LUZ : Mais... Je te suis.

HOMBRE : *(Redescendant)* Non! Cher ange. Tu es trop lumineuse pour que je te précipite dans ma nuit.

LUZ : Tu me fais peur.

HOMBRE : *(Tentant de la repousser vers le jardin)* Depuis notre première rencontre, dans le jardin, j'ai été ébloui par ta clarté et, maintenant, je serais désespéré si je t'entraînais dans la viscosité opaque où d'ordinaire je me meus. Redescends. Je ne peux pas t'arracher aux tiens, à ta vie, à ton existence même. Je saurais apprendre les bonnes réponses et les conduites attendues pour ne point porter atteinte à ton essence merveilleuse.

LUZ : *(En remontant peu à peu)* Pauvre chère âme ! N'as-tu pas compris que mes parents que j'aime beaucoup, avaient placé, sans s'en rendre compte, entre-nous, un écran mat et profond de clinquant artificiel et illusoire ? Dès que je t'ai vu sous les cerisiers, j'ai été parcourue par la sève végétale que les ongles de tes pieds puisent dans la déliquescente tourbe nourricière dont tu es la force. Ce marais gluant, palpitant de vie profonde, t'a mué en un arbre puissant et ta frondaison cherche énergiquement à atteindre le vrai soleil.

<u>HOMBRE:</u> *(En la repoussant encore doucement).* Mais aussi, existence chérie, cette fange gluante de laquelle je m'extrais, résultat d'une fétide décomposition contaminant tout ce qu'elle macule ne se contente-t-elle pas de mortifier la matière. Pourriture envahissante, après avoir digéré l'écorce, elle pénètre les tissus profonds du tronc qu'elle s'approprie et, peu à peu, de sa hideur crasseuse, corrompt le cœur et l'âme. C'est pourquoi une horreur indicible me déchire à l'idée même que cette boue puisse, ne serait-ce qu'un instant, atteindre la semelle de ta ballerine.

<u>LUZ:</u> *(Peu à peu, ils vont gagner le haut de la passerelle).* Mais aussi, amour vivant, ce mur d'apparence auquel tu t'es heurté annihile toute tentative d'existence. Chaque instant et chaque parole sont imposés par un délicieux apprentissage dont la finalité consiste à substituer à tout risque d'invention et de créativité, donc d'improvisation hasardeuse, un code de réponses attendues et policées. Grâce à ce comportement stéréotypé, on pourra se contenter d'observer dans le miroir de l'auto satisfaction, illusion dérisoire brinqueballant

aux lustres surannés en artifices fatigués, le cliquetis béat de pacotille factice. *(Ils arrivent en haut).* Comme l'air est frais ici.

HOMBRE: Frais, oui, mais plus tonique aussi. Il fouette le nez les joues et les oreilles.

LUZ: La voix sonne plus clair.

HOMBRE: Et la respiration plus vaste fait battre le cœur plus fort.

LUZ: Nos mains qui se tiennent malgré les doigts plus froids brûlent d'une fièvre nouvelle.

HOMBRE: Nos sens plus aiguisés captent mieux les palpitations infimes et géantes de l'univers qui nous contient.

LUZ: Que ne suffit-il, en y entrant par la porte de la sincérité, de se mêler aux choses?

HOMBRE: Dans les trois règnes, le végétal, l'animal et même le minéral, n'étant qu'amour, nous ne pourrions que nous fondre en y additionnant nos particularités.

LUZ: Les éléments, la terre, l'air, l'eau et le feu s'uniraient en nous et nous nous unirions en eux en cohérence absolue.

HOMBRE: A ces mondes, avec patience…

LUZ: Avec courage et bonne foi…

HOMBRE: Nous offririons nos loyautés.

LUZ : Et peu à peu, ils nous accepteraient.

HOMBRE : Ils nous parleraient.

LUZ : Et nous les entendrions.

HOMBRE : Restons ici, si lu le veux.

LUZ : La chouette et le lézard nous tiendront compagnie.

HOMBRE ; Ils nous donneront leur avis.

LUZ : Le soleil va se lever. Il enflamme déjà les hautes glaces.

HOMBRE : Il nous illuminera bien avant le reste du monde.

> *(Le soleil se lève. L'éclairage devient plus chaud et plus intense).*

LUZ : Bien que l'air reste incisif ne sens-tu pas sur toi, la chaleur qui nous atteint ?

HOMBRE : Le silence nous regarde comme s'il attendait que nous soyons autres.

LUZ : Vois comme le monde immense est petit.

HOMBRE : Le fourmillement désordonné de la vie devient un ondoiement pertinent et harmonieux.

LUZ : Les choses minimes sont devenues invisibles et seules les marées s'harmonisent avec les clameurs de l'univers.

HOMBRE : Maintenant que nous sommes posés sur le fait de la machine, il faut que nous restions immobiles jusqu'à ce que nous ne soyons plus qu'un seul ensemble de pensées et de sensations.

LUZ : Jusqu'à ce que la succession des jours et des nuits nous ait enseigné ce qu'il faudra dire. Jusqu'à ce que la contemplation des choses nous fasse pénétrer la mécanique générale.

NOMBRE : Jusqu'à ce, qu'ayant dépassé le bonheur, nous puisions aspirer à la vie.

LUZ : Jusqu'à ce que le bonheur à profusion nous incline vers cette forêt sauvage qu'est le monde.

HOMBRE : Oui, une forêt sauvage ; ou plutôt une mer sans fond aux abîmes riches de promesses inconnues mais où le regard se perd en plongeant dans des enchevêtrements d'incohérence... Comme nous sommes loin au-dessus de cette vie qui nous ignore et que nous ne comprenons pas.

LUZ : Ce qui nous éloigne, ce n'est pas la hauteur, mais la rigueur de la pente qui nous sépare. Que ne suffit-il d'extraire quiconque de cette mer afin que, hissé jusque ici, il échappe aux errements dans lesquels il stagne.

HOMBRE : Hélas, cela ne se peut pas. Le pécheur, lorsqu'il tire un poisson de l'eau, l'arrache aux fonds d'indigo et l'approche de sa hauteur. Mais, ce faisant le poisson meurt asphyxié de tant d'air qu'il ne peut supporter. Aussi, ceux qui respirent petitement ne sauraient accepter un excès de souffle. Une trop grande quantité de vie les ferait mourir.

LUZ : Pourtant, nous-mêmes, ne sommes-nous pas condamnés, pour survivre, à mal transmettre un sens que nous ne possédons pas complètement. Aussi, le monde, lorsqu'il nous découvrira, sera en colère contre nous et nous chassera de sa société.

HOMBRE : Les hommes nous chasseront sans doute, mais notre force est fille de notre rencontre et notre rencontre c'est les hommes eux-mêmes qui nous l'ont donnée.

LUZ : Les hommes ne sont pas humains ; ou peut-être, le sont-ils trop. Mais c'est parmi eux que nous, qui ne le sommes pas davantage, devons séjourner pour comprendre mieux ce qu'ils ne comprennent pas de nous.

HOMBRE : Le jour est à son apogée. Il éclaire les plus grandes profondeurs de ses regards verticaux. Laissons-nous glisser le long de cette lumière et posons-nous où elle éclabousse le sol en remous bondissant. Là, sûrement, un lieu plus ferme nous permettra de demeurer hors des atteintes et des destructions.

*(Pendant qu'ils descendent en J)*

# Noir

**Scène 4**


**(Le Bigue - Le Secrétaire)**

*Assis au bord du praticable cour.*

LE BIGUE : Qu'est-ce qu'on fait maintenant ?
LE SECRETAIRE : Comme d'habitude.
LE BIGUE : Dis-moi, l'autre jour, je n'ai pas très bien compris.
LE SECRETAIRE : C'est sans importance.
LE BIGUE : Mais si, tu sais, ceux qui m'ont demandé ...
LE SECRETAIRE : Ne te rends pas malade.
LE BIGUE : Qu'est-ce qu'ils voulaient?
LE SECRETAIRE : Mais rien!
LE BIGUE : D'ordinaire, en parlant pour ne rien dire, on ne s'exprime pas comme cela.
LE SECRETAIRE : C'est vrai.
LE BIGUE : Quoi, c'est vrai?
LE SECRETAIRE : C'étaient des marginaux.
LE BIGUE : Des marginaux ? C'est quoi des marginaux ?

LE SECRETAIRE : Des asociaux quoi, des gens différents.
LE BIGUE : Il y a des gens différents ?
LE SECRETAIRE : Hélas.
LE BIGUE : Comment les reconnaît-on ?
LE SECRETAIRE: Ils posent des questions.
LE BIGUE : Ah ! Bon...
LE SECRETAIRE : Ils ne pensent pas comme il faut.
LE BIGUE : Et comment faut-il penser ?
LE SECRETAIRE : Comme tout le monde.
LE BIGUE : Et comment est-ce que tout le monde pense?
LE SECRETAIRE : Comme nous.
LE BIGUE : Mais, nous, nous ne pensons pas
LE SECRETAIRE : Justement. Ils troublent.
LE BIGLE : Ils troublent quoi ?
LE SECRETAIRE : Nous.
LE BIGUE : Tu es troublé, toi?
LE SECRETAIRE : Non.
LE BIGUE: Pas du tout?
LE SECRETAIRE: Pas du tout.
LE BIGUE : Ah... Tu vois... Et moi je dois être troublé ?
LE SECRETAIRE : Encore moins.
LE BIGUE : Moins que pas du tout ?
LE SECRETAIRE : Exact.
LE BIGUE : Tu me vois rasséréné.
LE SECRETAIRE: J'y compte bien.
LE BIGUE : Tu es sûr qu'il n'y a pas de mesures à prendre?
LE SECRETAIRE : Les autres s'en chargent.
LE BIGUE : Voilà une bonne nouvelle. Et à quoi je

m'occupe aujourd'hui ?
LE SECRETAIRE : Tu travailles à ta réforme.
LE BIGUE : Ah oui. Ma réforme. Et que dit-elle en substance, ma réforme ?
LE SECRETAIRE : Je te l'ai déjà dit vingt fois : «A partir de dorénavant et jusqu'à nouvel ordre, ce sera comme par le passé».
LE BIGE : C'est très beau... Bon, tu t'en occupes?
LE SECRETAIRE : Tu peux compter sur moi.

# Noir

## Scène 5

### (Hombre, Luz, Popu. Coucou)

*Hombre et Luz passent au milieu de la passerelle jardin et font demi-tour. La passerelle bascule. Ils descendent sur la passerelle cour. Arrivés au milieu, ils font demi-tour, la passerelle bascule : ils montent en "cour" et trouvent Popu et Coucou.*

COUCOU : Qu'est-ce que c'est? Hum! Qu'est-ce que c'est ?
LUZ : Pardonnez-nous d'être un peu défraîchis, mais nous avons du revenir de très loin.
COUCOU: Et, hum, que faites-vous ici, hum ?
HOMBRE : Nous avons parcouru des orbes glacés, et nos yeux ne sont pas encore réhabitués aux pénombres olivâtres.
COUCOU: Et, hum, pourquoi êtes-vous, hum, revenus.
LUZ : Pourquoi ? Oh, monsieur, ne vous fâchez pas,

mais nous avons glissé au long de ravines épineuses et hostiles où seul l'effroi nous obligeait à rester debout.
HOMBRE : Et debout, nous ne pouvions que courir. Nous avons dévalé d'austères pierrailles tranchantes et des taillis de ronces entrelacées ont cinglé notre peau trop fragile.
LUZ : Nous avons parcouru tant de lieux différents avec une si grande célérité que, comme un navire qui sombre, nous n'avons pas eu le loisir d'observer les détails.
HOMBRE : Nous nous serions certainement perdu si la pente inexorable ne nous avait conduit : toujours plus bas.
LUZ : Tant de lieux étranges et redoutables.
HOMBRE: Une chute aussi vertigineuse.
LUZ : Enfin, un lieu connu.
HOMBRE : Enfin, l'arrêt tant espéré et redouté.
COUCOU : Hum, vous ne répondez, hum, pas à ma question.
HUMBRE : Mais, Monsieur, nous n'avons rien caché de…
COUCOU: De l'imaginaire, hum, du fantasme, hum, du délire, hum. Vous n'avez, hum, rien à, hum, faire chez nous, hum. ?
LUZ : Mais, monsieur, nous souhaitons seulement…
COUCOU: Disparaissez, hum, sortez Jeunes gens, hum, sortez
HOMBRE : *(à Popu)*. Mais, Monsieur,
POPU : Comment Vous vous adressez à moi après avoir pareillement berné ma considération : N'avez-vous donc aucune honte à reparaître parmi nous après avoir trahi aussi bassement les espoirs qui

avaient été placés en vous ? Vous aviez en main le drapeau de la confiance des masses laborieuses et vous l'avez lâchement jeté aux orties pour, on ne sait quelle vision évanescente et puérile. Puis, vous avez disparu. Peut-être vous cachiez-vous, à juste titre. Et aujourd'hui, paré d'une fallacieuse virginité restituée, vous revenez pour tromper encore, peut-être ? Mais les fils des travailleurs se souviennent que renégats vous fûtes renégats vous restez. Ne comptez plus sur moi, mon petit vieux. Je ne saurais cautionner vos turpitudes malsaines. Partez et ne remettez jamais vos pieds bourgeois ici.
LUZ : Mais, Monsieur…
COUCOU : sortez, jeunes gens, hum, sortez
*Luz et Hombre s'engagent sur la passerelle.*

# Noir

## Scène 6

## (Madame, Monsieur)

*Madame brode. Monsieur dans le rocking-chair.*

MADAME : Je vous en prie, mon ami, arrêtez de soupirer ! On dirait que vous avez perdu toute votre famille.
MONSIEUR : Ah ! Jus de grenouille je pensais à notre petite Luz.
MADAME: Luz chère enfant.
MONSIEUR: Où peut-elle bien être?
MADAME : Mais voyons, Victor, à son institution.
MONSIEUR: Vous croyez ?
MADAME : Naturellement ! Où voulez-vous qu'elle soit?
MONSIEUR : Je ne sais pas, j'avais un mauvais pressentiment.
MADAME : Allons, allons, vous savez combien notre enfant s'est attachée à cette oeuvre.
MONSIEUR : Vous croyez?
MADAME : On me dirait qu'elle décide d'y

demeurer, que je ne serais pas étonnée.
MONSIEUR : Poil de souris jaune, cela m'attristerait un peu.
MADAME : Certes, mais nous serions fiers d'une si belle vocation.
MONSIEUR : Citrouille à pattes, corne de libellule et jus de grenouille, oui, jus de grenouille ... jus de grenouille.

**Noir**

## Scène 7

## (Luz, Hombre)

> *Ils sont sur la passerelle cour du fond. Ils reviennent vers l'avant mais la passerelle bascule vers les poubelles.*

LUZ: Que faire? Faut-il encore descendre ?
HOMBRE : Monter, descendre, quelle différence y a-t-il ?
LUZ : Où est l'accueil que nous avions entrevu ?
HOMBRE : Viens. Essayons cet autre chemin.
> *(Ils font demi tour. Luz s'engage sur la passerelle jardin).*

LUZ : Ne crois-tu pas que nous avons déjà exploré ce chemin
HOMBRE : Peut-être.
LUZ : Attends, je vais voir.
> *(Hombre reste sur la passerelle cour. Luz monte vers le jardin. La passerelle bascule.)*

HOMBRE : Luz ! Non! Reviens
LUZ : Je ne peux pas
HOMBRE : Si! Reviens!

> *Il descend en cour pour lui parler.*

HOMBRE : Reviens, je t'en prie.

> *(Elle revient, la passerelle bascule. Elle reste sur le bord de la passerelle jardin.)*

LUZ : Vite
HOMBRE : Attends-moi

> *(Il monte. La passerelle bascule).*

LUZ : Attention ! Oh ! Hombre, rejoins-moi vite.

> *(Il monte sur le praticable cour et cherche en vain un passage vers la passerelle jardin.)*

HOMBRE : Par pitié, parle-moi, que je me guide à ta voix.

LUZ : Ne me laisse pas seule. L'épouvante me saisit.

HOMBRE : Le chemin est éboulé. Oh! Luz ! Parle encore. Parle-moi.

LUZ : Le froid m'engourdit.

HOMBRE : Ne crains rien, cher amour, je t'entends encore.

> *(Il redescend sur la passerelle.)*

HOMBRE : Où es-tu? Où es-tu?
LUZ: Fais vite, le gel m'atteint.

> *(Hombre revient vers l'avant. La passerelle bascule. Il arrive en bas.)*

HOMBRE : Luz! Oh Luz! Parle encore !
LUZ : Le froid, le froid. II me solidifie.
> *(Hombre tente de remonter mais ses gestes deviennent lents et gélatineux. La montée devient harassante et douloureuse.)*

HOMBRE : Mon ange ! Mon ange! Ne m'oublie pas !
> *(Luz monte un peu pour l'encourager.)*

LUZ : Je suis ici. Viens! Viens ! Chaque fibre de moi t'attend ! Ne t'arrête pas ! Essaie encore. Tout mon être transi se tend vers toi et t'enveloppe pour te ramener.
> *(Elle monte encore un peu. Au moment où Hombre va atteindre le raccordement, la passerelle de Luz bascule.)*

HOMBRE : Oh! Chère Luz, ta voix s'éloigne et semble s'évanouir derrière des abîmes de vide. Parle-moi encore. Ton souffle n'est plus qu'un murmure évanescent dont l'oubli m'assaille.
> *(Hombre s'écroule progressivement vers le bas de la passerelle tandis que Luz monte peu à peu la sienne sans mouvement apparent.)*

LUZ : Oh ! Hombre, tout mon sang se fige en un cristal glacé. Mes membres deviennent rigides et ma vue s'éblouit. Hombre, Hombre! Sans toi, je n'existe plus. Tout mouvement en moi s'abolit et l'obscurité de l'univers m'aspire au fond de son insondable absence.

HOMBRE : Luz ! Luz ! Ta parole s'éteint. Le son ne m'en parvient plus qu'à travers une poussière d'étoiles comme un silence vibrant de nébuleuses mortes. Ta voix ne frappe plus mon oreille. Elle n'effleure qu'à peine mon souvenir. Et, mon esprit à de plus en plus besoin d'effort pour évoquer ce souvenir lumineux.

> *(Hombre est arrivé en bas et Luz sur le plan supérieur. Les deux passerelles basculent).*

LUZ : *(D'une voix lointaine).* Hombre! Ne m'oublie pas !

HOMBRE : *(Dune voix éteinte).* Plus tard, Luz, plus tard.

# Noir

## Scène 8

## (Elvire)

*(Sur le coin du praticable jardin.)*

ELVIRE:       Autrefois,
Je me disais des amoureux,
    Et je riais, et je riais,
Ils m'entouraient beaux et joyeux,
    Et je riais, et je riais.
Pour écouter mes aventures.
Je m'inventai une maîtresse.
Jeune et candide par nature,
Elle croyait à mes promesses.
Et puis, un jour, elle a grandi,
    Et je riais, et je riais.
Et puis, un jour, elle est partie,
    Et je riais, et je riais.
Et maintenant, je ne ris plus.
Ne pouvant plus rien raconter.
Si ma maîtresse a disparu.
Mes amoureux m'ont oubliée.

## Noir

## Scène 9

## (Yvan, Boby, Hombre, Luz)

*(Dans les poubelles). (Luz tout en haut dans un halo froid.)*

<u>YVAN</u>: Eh Boby, Boby ! Viens voir, vite, il y a quelqu'un couché par terre, i c i , derrière la poubelle.
<u>BOBY</u> : Allons bon, ne recommence pas avec tes gamineries. Tu sais bien que cela me fâche.
<u>YVAN.</u> Non ! Je ne plaisante pas! Attends. Est-il vivant? L'a-t-on jeté avec le reste ? Ou bien est-il venu volontairement. Il est chaud ; il respire ; il bouge.
<u>BOBY</u> : *(Qui s'est approché et a écarté les poubelles).* Veux-tu que je lui fracasse ta tête avec une grosse pierre?
<u>YVAN</u> : Eh l'ami ! Qui es-tu ?
<u>BOBY</u> : Oui, qui es-tu ?
<u>LUZ</u> : Quand j'étais petite, souvent, je me cachais. Et je me souviens, derrière les noisetiers, il y avait une allée.
<u>HOMBRE</u>: Qui je suis ? Je n'en sais rien, Je suis celui qui dormait là et qu'on a réveillé. Je suis celui qui était couché au sol et qui maintenant est assis. Je

suis celui qui regarde avec ses yeux les lieux qui l'entourent, qui les reconnaît et qui pourtant ne comprend pas. Je me lève et j`inspecte cet endroit. J'ai l'impression de m'en souvenir comme si j'y avais déjà vécu, il y a longtemps, dans une vie qui n`était pas à moi.

BOBY : Qu'est-ce qu'il dit ?

LUZ : Parfois, à l'institution, je rêvais qu`un inconnu arrivait par cet endroit.

YVAN : Tais-toi, il délire.

BOBY : Tu vois, j'aurais dû l'assommer.

LUZ : Avant, je n'avais pas le droit de cueillir des cerises.

HOMBRE: Il me semble que des souvenirs s'agitent en moi. Des souvenirs d'ici et puis des souvenirs d'ailleurs. Des souvenirs lointains et présents à la fois. Des souvenirs dont je ne me souviens pas. Ici, une lumière devrait m'éclairer. Je crois entendre une voix qui me parle tout bas, ou plutôt très fort mais très loin à travers des siècles ou des nébuleuses. Tout s'évapore entre cette lumière, cette voix, et moi.

LUZ : Dès que nous avons franchi la haie, j'ai compris que le monde était encore plus grand que je ne l'imaginais.

HOMBRE : Ces lieux sordides et froids, écoeurants, je ne les ai jamais quittés. Pourtant, je suis sûr qu'il existe des ailleurs; Des ailleurs lumineux où je dois être aussi.

LUZ : Comme l'air est frais ici.

BOBY : Tuons-le. Il va manger nos réserves.

YVAN : Tais-toi donc, imbécile.

LUZ : Le froid m'a engourdi. Le gel m'a solidifié.

HOMBRE : Je ne sais pas pourquoi, mais je suis sûr qu'il existe autre chose. Je suis venu ici pour y partir pour y monter, pour y parvenir et si je devais rester ici, ce serait pour y mourir
*(Il s'assied à terre).*
LUZ : Cristal de vapeur solide, j'ai rejoint les aiguilles de la sphère immobile.
YVAN: Tais-toi, tu me fais peur.
BOBY : Et à moi aussi. Il faudrait le corriger un peu.
YVAN : *(Qui prend la tête d'Hombre dans ses bras).* Ce n'est plus la peine, je crois que le mal est déjà fait.

# Noir

ISBN-13: 9782810601134
Fabrication : Books on Demand GmbH, Norderstedt, Allemagne /
éditeur : Books on Demand GmbH, Paris, France

## DU MÊME AUTEUR

BAH, OUI! QUOI? (Poésie)
PAR AILLEURS (poésie)
DE PLUS (poésie)
EGALEMENT (poésie)
MAIS AUSSI (poésie)
TOUTEFOIS (poésie)
POURTANT (poésie) (en préparation)

LES PASSERELLES (théâtre)
LES NAÏADES (théâtre)
LES OREADES (théâtre)
LES HAMADRYADES (théâtre)
LES ASCLEPIADES (théâtre) (en préparation)